대인관계능력

김희동 · 이성희 공저

대인관계 능력

INTERPERSONAL COMPETENCY

dm 동문사

PREFACE 머리말

인간의 삶은 태어나는 순간 가족과의 관계를 시작으로 다양한 조직 내에서 다른 사람들과의 관계를 형성하며 살아간다. 사회화 속에서 사람들은 타인과의 상호작용을 통해 자신의 욕구를 충족시키고 싶어하는 경향이 있으며 욕구 충족의 필요로 인해 인간관계 형성을 촉진하고 성공적인 삶을 추구한다. 성공적인 삶을 이룬 사람들은 자신이 성공한 비결 중 하나로 대인관계의 중요성을 말한다.

대인관계의 출발은 사람이 태어나는 순간, 즉 타인과 관계를 형성하면서 원만한 의사소통, 상호이해, 협동관계를 맺는 시점이다. 그러나 혼자서 일을 잘하고 똑똑하다고 할지라도 타인과 융합되지 못한다면 자신의 능력은 묻히게 된다. 이런 현상의 근원은 현대 사회의 다양화와 세분화에 있다. 다양화와 세분화를 위해 각 분야에서 특수한 전문성을 요구하고 있으며 이 전문성이 다른 분야와 융합이 필요하다. 이처럼 전문성과 융합성이 서로 조화를 이룰 때 조직은 높은 성과를 달성할 수 있다.

실제로 인간은 조직 안에서 살아가기 위해 많은 시간, 노력, 경제, 대인관계, 의사소통 등 다양한 노력이 필요하다. 이 중 대인관계는 타인과의 관계를 통해 사랑과 소속의 욕구, 안정에 대한 욕구, 자아성찰에 대한 욕구를 충족시키기 위한 양적 · 질적 투자를 요구한다.

"그렇다면 어떻게 해야 우리는 대인관계를 통해 행복한 삶을 이어갈 수 있을까?"

대인관계는 사회 속에서 다양한 경험과 시행착오를 통해 배워야 한다. 하지만 매번 모든 것을 경험할 수는 없다. 조직 내에서 효율적인 대인관계를 형성하기 위해서 학습을 통해 먼저 이해하고, 올바른 태도와 기술을 내면화하는 것이 중요하며 이 내면화가 행동으로 반영되어야 한다.

특히 대인관계는 지식과 기술뿐 아니라 가치, 태도, 동기 등이 복합적으로 움직여 발현되기 때문에 지식, 기술, 태도, 경험을 쌓을 수 있도록 해야 한다.

따라서 본 교재에서는 효율적인 대인관계에 대한 정보, 기술을 제공하며, 학교, 직장 등의 다양한 환경에서 활용할 수 있는 실질적인 대인관계 형성 방법을 안내하였다. 대인관계 유형에 대한 이해, 타인과 이해와 갈등 해결, 긍정적 관계 형성 방법, 팀워크 개념과 특성 및 전략, 리더십 역할과 능력, 동기부여, 변화 관리, 조직원 간의 갈등 관리, 개인과 조직, 조직 간 협상 전략, 고객 서비스 개념, 고객 불만 처리 프로세스, 고객 만족 처리 방법 등의 주제를 다루고 있다. 이런 주제들을 통해 독자들이 대인관계를 개선하고 향상시키는 데 도움이 될 수 있도록 다양한 사례를 활용하여 구성하였다.

물론 이 책에서 제시하는 내용이 정답이라고 할 수는 없지만 여러 학자들의 글과 문헌들을 참고하였고, 예비 직장인들이 현장에서 바로 활용할 수 있는 이론과 실제적 적용을 위한 워크북 형식으로 작성하였다. 이를 통해 많은 사람들이 실무에서 직면하는 다양한 상황에 대처할 수 있도록 도움을 주고자 하는 바람으로 구성하였다.

마지막으로 출판을 위해 애써 주신 동문사 사장님을 비롯한 모든 직원분들에게 진심으로 감사드립니다.

2022년 8월

저자 일동

CONTENTS 차 례

PROLOGUE 프롤로그

대인관계능력의 개요

1. 개요

대인관계능력은 직장생활에서 협조적인 관계를 유지하며 조직 구성원들에게 도움을 주고, 조직 내부와 외부의 갈등을 원만히 해결하고 고객의 요구를 충족시키는 능력을 포함하고 있다. 일반적인 대인관계뿐만 아니라 조직 안에서 직무를 수행하는 데 필수적인 핵심역량 중 하나이다.

최근 조직에서는 직업기초능력으로서 대인관계능력의 중요성이 점점 강조되어 가고 있으며 많은 대학이나 기업들이 학습자들의 대인관계능력을 향상시키는 데 필요한 다양한 프로그램을 개발하고 있다. 이 책은 대학생과 직장인이 조직 내에서 필요한 대인관계능력을 자기 주도적으로 진단하고 학습하여 적용할 수 있도록 설계하였다. 직업기초능력으로서 대인관계능력은 대인관계능력, 팀워크능력, 리더십능력, 갈등관리능력, 협상능력, 고객서비스능력으로 구분될 수 있다.

2. 구성

이 책은 크게 활용안내, 사전평가, 학습모듈, 사후평가, 참고자료로 구성되어 있다. 활용안내는 이 책의 전체적인 개요와 구성을 설명하고, 학습자에게 교재의 효과적인 활용방법 및 학습방법을 제시하였다. 사전평가는 대인관계능력의 학습모듈을 학습하기 전에 학습자의 대인관계능력에 대한 현재 수준을 진단하고, 학습자에게 필요한 학습활동을 안내하였다.

직업기초능력으로서 대인관계능력에 대한 학습모듈은 대인관계능력, 팀워크능력, 리더십능력, 갈등관리능력, 협상능력, 고객서비스능력으로 구성되어 있다. 먼저 대인관계능력 모듈은 직업기초능력으로서 대인관계능력을 향상시키기 위해 자기 이해와 타인 이해에 대한 학습내용이 제시되어 있다. 팀워크 모듈은 조직 구성원들이 팀을 이루어 업무를 수행할 수 있는 능력에 대한 학습내용이 제시되어 있다. 리더십 모듈은 조직에는 구성원들의 역할이 있으며 구성원들의 역할에 따른 리더십능력에 대한 학습내용을 제시하였으며, 갈등관리 모듈은 직장생활에서 조직 구성원 간의 갈등이 발생하였을 경우 원만하게 조절할 수 있는 능력을 배양하기 위한 학습내용이 제시되어 있다. 협상능력 모듈은 조직과 개인, 조직과 조직 간의 업무를 수행하게 될 때 경험할 수 있는 학습내용과 협상 방법을 제시하였으며, 고객서비스능력 모듈은 직장생활에서 고객서비스에 대한 이해를 바탕으로 실제 현장에서 다양한 고객응대 및 고객만족을 이끌어낼 수 있는 학습내용이 제시되어 있다.

각 모듈의 하위능력은 학습목표, 주요용어, 학습활동, 학습성찰로 구성되어 있다. 학습목표에는 각 학습모듈에 대한 일반목표와 세부목표가 제시되어 있으며, 주요용어에는 각 학습모듈에 사용되는 중요한 용어(key-word)가 제시되어 있다. 각 학습활동은 내용, 사례, 활동, 학습성찰로 구성되어 있다. 내용에는 해당 학습활동과 관련이 있는 지식 및 내용이 제시되어 있으며, 사례에는 직업생활 중 해당 학습활동과 관련된 다양한 사례가 제시되어 있다. 활동에는 학습자 스스로 생각해보고 자신의 의견을 정리해볼 수 있는 활동들로 구성되어 있으며, 학습성찰에는 해당 학습활동의 성취수준을 스스로 파악할 수 있도록 제시되어 있다.

사후평가에는 학습모듈에 대한 모든 학습을 마친 후 학습자들이 성취수준을 평가하고, 부족한 부분을 피드백받을 수 있도록 체크리스트로 구성되어 있다.

활동 1 자신의 대인관계능력 알아보기(사전평가)

다음은 모든 직업인에게 일반적으로 요구되는 대인관계능력 수준을 스스로 알아볼 수 있는 체크리스트이다. 평소 본인의 행동을 잘 생각해보고, 행동과 일치하는 항목에 체크해 보세요.

문항	그렇지 않은 편이다	보통인 편이다.	그런 편이다.
1. 나는 대인관계능력의 의미와 중요성을 설명할 수 있다.	①	②	③
2. 나는 대인관계능력 향상방법을 설명할 수 있다.	①	②	③
3. 나는 팀 구성원들과 효과적으로 의사소통한다.	①	②	③
4. 나는 팀의 규칙 및 규정을 준수한다.	①	②	③
5. 나는 팀 내에서 나에게 주어진 업무를 성실하게 수행한다.	①	②	③
6. 나는 팀의 목표 달성에 필요한 지원, 시간을 파악하고 있다.	①	②	③
7. 나는 조직원들을 동기화할 수 있다.	①	②	③
8. 나는 리더의 특성에 맞는 행동을 한다.	①	②	③
9. 나는 조직 성과를 향상시키기 위한 전략을 제시한다.	①	②	③
10. 나는 수시로 조직원에게 코칭을 활용한다.	①	②	③
11. 나는 앞장서서 바람직한 변화를 선도한다.	①	②	③
12. 나는 타인과 의견 차이가 있을 때 원인을 파악한다.	①	②	③
13. 나는 타인과 대화할 때 생각과 가치관을 배려한다.	①	②	③
14. 나는 타인과 갈등을 줄이기 위해 노력한다.	①	②	③
15. 나는 타인과의 갈등을 조절할 수 있는 방법을 활용한다.	①	②	③
16. 나는 대화 시 쟁점 사항이 무엇인지 파악한다.	①	②	③
17. 나는 대화 시 상대방의 핵심 요구사항을 파악한다.	①	②	③
18. 나는 대화 시 상대방을 설득하기 위해서 노력한다.	①	②	③
19. 나는 협상할 때 사전에 전략을 수립한다.	①	②	③
20. 나는 고객의 유형에 따라서 대응한다.	①	②	③
21. 나는 고객의 요구를 수시로 파악한다.	①	②	③
22. 나는 고객의 불만 사항을 해결하려 노력한다.	①	②	③

출처: 한국산업인력공단(2016). 대인관계능력 학습자용 워크북. p.5.

활동 2 자신의 대인관계능력 알아보기(평가방법)

체크리스트의 문항별로 자신이 체크한 결과를 아래 표를 이용하여 해당하는 개수를 적어 보시오.

문항	수준	개수	학습모듈
1~2번	그렇지 않은 편이다.	(　　　)개	대인관계능력
	보통인 편이다.	(　　　)개	
	그런 편이다.	(　　　)개	
3~6번	그렇지 않은 편이다.	(　　　)개	팀워크능력
	보통인 편이다.	(　　　)개	
	그런 편이다.	(　　　)개	
7~11번	그렇지 않은 편이다.	(　　　)개	리더십능력
	보통인 편이다.	(　　　)개	
	그런 편이다.	(　　　)개	
12~15번	그렇지 않은 편이다.	(　　　)개	갈등관리능력
	보통인 편이다.	(　　　)개	
	그런 편이다.	(　　　)개	
16~19번	그렇지 않은 편이다.	(　　　)개	협상능력
	보통인 편이다.	(　　　)개	
	그런 편이다.	(　　　)개	
20~22번	그렇지 않은 편이다.	(　　　)개	고객서비스능력
	보통인 편이다.	(　　　)개	
	그런 편이다.	(　　　)개	

출처: 한국산업인력공단(2016). 대인관계능력 학습자용 워크북. p.6.

진단방법에 따라 자신의 수준을 진단한 후, 한 문항이라도 '그렇지 않은 편이다'가 나오면 그 부분이 부족하다는 것을 의미한다. 몇몇 항목이 부족하다고 하여 본인의 대인관계능력이 떨어진다는 결론을 내릴 수는 없다. 단지 이 결과를 바탕으로 개선이 필요한 부분에 더 집중하고 노력을 통해 자신의 대인관계능력을 향상시킬 수 있다. 앞으로 우리가 배울 대인관계능력은 팀워크능력, 리더십능력, 갈등관리능력, 협상능력, 고객서비스능력을 배우고 기술을 익히면서 향상시킬 수 있다.

| 표 | 대인관계능력의 구분과 개념

하위능력	하위능력 개념
팀워크능력	직장생활에서 다른 구성원들과 목표를 공유하고 원만한 관계를 유지하며 자신의 역할을 이해하고 책임감 있게 업무를 수행하는 능력
리더십능력	직장생활에서 조직의 비전과 목표를 제시하며 조직구성원들의 성과 향상에 도움을 주고 동기부여를 할 수 있는 능력
갈등관리능력	직장생활에서 조직구성원 사이에 갈등이 발생하였을 경우 이를 원만하게 조절할 수 있는 능력
협상능력	직장생활에서 협상 가능한 목표를 세우고 상황에 맞는 협상전략을 선택하여 다른 사람과 윈-윈(공존)하는 능력
고객서비스능력	직장생활에서 고객서비스에 대한 이해를 바탕으로 실제 현장에서 다양한 고객유형에 대처할 수 있으며 고객만족을 이끌어낼 수 있는 능력

CHAPTER 01

대인관계능력

INTERPERSONAL COMPETENCY

세부목표

대인관계능력을 갖추기 위한 기본적인 개념과 이론을 학습할 수 있다.

일반목표

1. 대인관계의 기본 개념과 중요성을 명확하게 파악하고 이를 설명할 수 있다.
2. 다양한 대인관계 이론을 학습하고 이를 효과적으로 설명할 수 있으며 실제 상황에 맞게 적용할 수 있다.

주요용어

대인관계, 대인관계능력, 대인관계 이론

미리보기

"길들인다는 게 무슨 뜻이야?"
"사람들은 총을 가지고 사냥을 하지. 아주 무서운 일이야. 또 사람들은 닭을 기르기도 해. 그들의 유일한 낙이란다. 넌 닭을 찾니?"
"아니야, 난 친구들을 찾고 있어. 그런데 길들인다는 게 무슨 뜻이니?"
"그건 너무나도 잊혀 있는 일이야. 그건 '관계를 맺는다'는 뜻이지."
여우가 대답했다.
"관계를 맺는다?"
"바로 맞혔다. 내게 있어서 너는 아직 수많은 다른 아이들과 다를 바가 없어. 그래서 나에겐 네가 필요 없고 너도 내가 필요 없는 거지. 너에게는 내가 다른 수많은 여우들과 다르지 않을 테니까. 그렇지만 네가 나를 길들이면 우리는 서로 필요하게 돼. 나에겐 네가 세상에서 하나뿐일 테고, 네게도 내가 세상에서 하나뿐인 것이 될 거야."
"이제 좀 알겠어."
그러면서 어린 왕자는 이렇게 말했다.
"나에겐 꽃이 하나 있었는데… 그 꽃이 나를 길들였었나 봐."
(중략)
"제발… 날 길들여줘!"
여우가 말했다.
"그러자꾸나. 그렇지만 시간이 별로 없어. 난 친구들을 찾아내야 하고 알아야 할 일들이 많거든."
"자기가 길들이는 것밖에 알지 못하는 거야. 사람들은 무얼 알 시간조차 없어져 버렸어. 그들은 상점에서 다 만들어놓은 물건을 사지. 그렇지만 친구를 파는 상점은 없으니까. 사람들은 이제 친구가 없어. 친구를 갖고 싶거든 나를 길들여."
"그러면 어떻게 해야 되니?"
어린 왕자가 물었다.
"아주 참을성이 많아야 돼. 처음에는 내게서 좀 떨어져서 그렇게 풀밭에 앉아있어. 곁눈질로 너를 볼 테니까 아무 말도 하지 마. 말이란 오해의 원천이거든. 그렇지만 매일 조금씩 더 가까이 앉도록 해."

생텍쥐페리의 「어린 왕자」 中에서

01 대인관계능력의 개념 및 필요성

아리스토텔레스가 '인간은 사회적 동물이다.'라고 말한 것처럼 인간은 아무것도 없는 상태로 태어나고, 태어나는 순간부터 생존하기 위해 타인의 도움을 받을 수밖에 없다. 인간은 발달 단계를 거치며 사회적 관계 속에서 성장하고 타인과의 관계에서 만족감을 얻을 수 있는 다양한 욕구를 형성하게 된다. 이런 욕구를 충족하기 위해 우리는 사회생활을 하며 그 조직이 가지고 있는 가치관, 규범, 사회적 역할, 행동 양식, 사회 문화 등의 영향을 받아 성장하고 발달한다. 인간이 성장하고 발달하면서 한 사회의 구성원이 되어 소속된 집단에 영향을 미치기도 한다. 조직을 구성하고 있는 구성원들 간 상호작용의 질은 만나는 사람 간의 심리적 유대관계가 크게 달라지며 이러한 유대관계에 따라 대인관계의 유형도 달라진다.

대인관계는 두 사람 이상의 관계이다. 즉, 사람과 사람 사이를 말하며 타인과 화합하여 원만한 관계를 이룰 수 있도록 하는 것이다. 타인과의 관계가 만족스러우면 행복감을 느끼고 정신적인 건강에 도움이 되고 스트레스를 효과적으로 대처할 수 있으며 자기 신뢰와 자아 존중감 등을 가지면서 심리적 안정감을 가질 수 있다.

반면 타인과의 관계가 불만족스러우면 소외감을 느끼며, 사람들과의 관계에서 위축되기도 하고 불안, 우울, 자괴감 등과 같은 부정적 감정을 느껴 오히려 갈등을 야기시켜 심리적 불안감을 가질 수 있다. 이처럼 대인관계의 만족감에 따라 인간은 자신의 자아를 형성하고 발달시킬 뿐만 아니라 개인의 정체성과 건전한 인격 발달에도 지대한 영향을 받게 된다. 한 사람이 대인관계를 형성하고 유지하는 과정에서 타인에 대하여 어떻게 생각하고 느끼고 있으며, 타인의 행동에 대해 어떻게 반응하는가에 따라 대인관계의 성향이 달라진다. 대인관계는 사회 조직 내에서 두 명 이상의 사람들이 상호작용하는 관계를 의미하며 이는 사회적 상호작용을 근원으로 이루고 있을 뿐 아니라 그 사회적 상호작용의 질을 좌우하는 것이다. 이처럼 대인관계능력은 업무를 수행하면서 다른 사람들과 원활하게 대화하고 문제를 일으키지 않는 능력으로 이는 문제 상황을 효과적으로 대처하고 갈등을 해결하는 데 중요한 역할을 한다.

대인관계능력이란 직장생활에서 협조적인 관계를 유지하고, 조직구성원들에게 도움을 줄 수 있으며, 조직 내부와 외부의 갈등을 원만히 해결하고 고객의 요구를 충족시켜줄 수 있는 능력을 의미한다. 대인관계를 형성할 때 가장 중요한 요소는 무엇을 말하느냐, 어떻게 행동하느냐보다 인간에 대한 '인성'이다. 만약 말과 행동이 깊은 내면에서 나오는 것이 아니라 진정성 없는 말이나 행동이 나왔다면 오랜 시간 관계를 유지되기 어렵다. 대인관계에 있어서 정말로 중요한 방법이나 기술은 독립적인 성품으로부터 자연스럽게 나오는 것이어야 한다. 인간관계를 형성하는 데 가장 기본적인 출발은 바로 우리 자신의 내면, 즉 개인의 내적 성품이다. 이는 우리의 생각, 감정, 가치관, 태도 등을 포함하며 이런 요소들은 우리 행동을 결정하고 대인관계의 질을 결정한다. 우리가 독립적인 주체로서 주도적이며 올바른 원칙을 중심으로 가치를 지향하게 될 때 대인관계가 시작된다. 이런 주도적이고 가치 지향적인 행동방식은 타인과의 관계를 더 풍부하고 지속적이며 생산적으로 형성해 갈 수 있다. 이럴 때 상호 의존할 수 있는 자격이 생긴다. 따라서, 인간이 세상을 살아가면서 대인관계능력이 필요한 이유에 대해 살펴보면 다음과 같다(이경우, 김경희, 2007).

1) 인간은 근본적으로 약한 존재이다

인간은 처음 태어나는 순간 타인의 보호가 없다면 생명을 유지하기 어려운 존재이며 부모의 보살핌을 받아야만 스스로 생존할 수 있는 개체로 성장하게 된다. 부모로부터 보살핌을 받은 인간은 학교라는 사회에 적응하며 타인과도 인간관계를 지속할 수 있다. 물론 부모 이외의 다른 타인에게 적응을 못 하였어도 주변의 다른 사람들을 통하여 도움을 받아 적응할 수도 있다. 이렇게 인간은 어릴 때 부모에게 의존하여 성장하고 성인이 되어 타인에게 사랑과 인정을 받게 되며 항상 타인과 어울려 살아가게 된다.

2) 인간은 대인관계를 통해 자신을 발견한다

인간은 타인과의 관계를 통해 사회에 보편적으로 존재하는 규범뿐 아니라 대인관계의 원리를 배우며 사회의 한 구성원으로 성장하게 된다. 또한 다양한 사람들과의 관계를 통해 타인의 입장을 이해하고 설득하는 방법을 배우기도 한다. 대인관계를 통해 사람들은 자신의 생각과 감정이 보편타당한 것을 확인할 수 있고, 또한 자신의 정체감을 분명하게 알아갈 수 있다. 타인과의 관계를 통해 자신이 어떤 사람이고 어떻게 행동해야 하는지 알게 되며 이런 대인관계를 통해 자신의 가치를 발견하기도 한다.

3) 대인관계는 인간의 기본적인 욕구이다

매슬로우의 욕구 위계 이론에 따르면 인간은 생리적 욕구에서 자기실현 욕구에 이르기까지 기본적인 욕구를 가지고 태어난다. 사람은 생리적 욕구를 맨 먼저 채우려 하며, 이 욕구가 어느 정도 만족되면 안전해지려는 욕구를 채우고, 안전 욕구가 어느 정도 만족되면 사랑과 소속 욕구, 그리고 더 나아가 존경 욕구와 자아실현 욕구를 차례대로 만족하려 한다는 것이다.

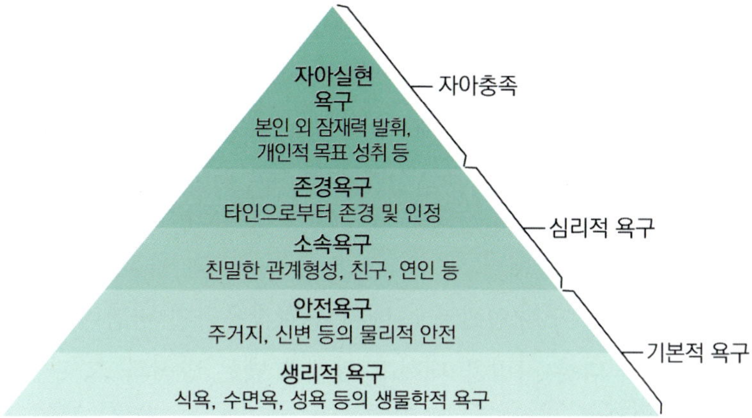

그림 1-1 매슬로우 욕구 위계

INTERPERSONAL COMPETENCY

02 대인관계의 중요성

인간이 추구해야 하는 것은 돈이 아니다
인간이 추구해야 하는 것은 언제나 인간이다
-푸시킨-

인간은 태어나서 죽을 때까지 수많은 사람들과 관계를 형성하면서 살아간다. 인간관계는 사람과 사람 사이의 의사소통을 통해 이루어지며 일상생활에서 고민하고 체험하는 현실적 상황이다. 이런 상황 속에서 인간은 갈등과 고민 때문에 힘들어하기도 하지만, 만족과 행복을 가져다주는 원천이 되기도 한다. 이처럼 대인관계가 우리 삶 속에서 갖는 중요성은 다음과 같다(이성태, 2011; 이은숙, 2012).

1) 대인관계는 인간을 아름답게 한다

우리를 인간답게 하는 것은 다른 사람들과의 상호작용을 바탕으로 이루어진다. 우리는 대인관계 속에서 서로에게 관심을 갖고 존중하며 서로의 요구에 반응하는 법을 배우면서 사회화 과정에 들어가기 시작한다. 인간다움을 나타내는 특성들 가운데 친절, 자비, 배려, 관심, 연민, 협동, 사랑, 돌봄, 공감 등이 포함되어 있다. 이러한 특성들이 대인관계 속에서 상호작용하면 바람직한 관계가 이루어진다. 우리 각자가 다른 사람을 대하고 관계를 맺는 방식과 그 관계의 질이 우리가 어떤 종류의 사람이 되는가를 결정하게 된다고 할 수 있다.

2) 대인관계는 인간을 가치 있는 존재로 만든다

사람은 장차 어떤 사람이 되겠다는 소망이나 목표가 있고 다른 사람들로부터 대우받기를 원한다. 그러나 사람은 완전체가 아니다. 누군가의 눈에는 장점으로 보이는 부분이 다른 누군가의 눈에는 단점으로 보일 수도 있다. 똑같은 상황에서도 누군가는 잘할 수도 있고 누군가는 실패할 수도 있다. 인간에게 양면성이 있는 것은 우리 삶 속에서 만나는 모든 사람들이 서로 존중하고 가치있는 존재로 여겨지길 원하기 때문이다. 인간은 서로를 수용할 수 있게 될 때 타인과 함께 가치있고 인간다운 존재가 될 수 있다(김종운, 2017).

3) 대인관계 속에서 개인의 정체성이 발달한다

자아정체감(Ego Identity)이란 자신의 자아에 대한 정교한 신념이라 할 수 있다. 다시 말하면 '나는 누구인가? 나는 어디에 속해 있는가? 나는 어디를 행해 가는가?'에 대한 해답을 찾고자 한다. 이러한 정체성은 청소년기에 부모와 자녀, 친구, 선생님과 학생 사이를 거쳐 다양한 대인관계 속에서 잘 발달하게 될 때 직장생활, 사회생활, 자신의 정신건강과 밀접한 관련이 있다.

4) 대인관계는 신체 및 정신건강에 지대한 영향을 미친다

건전한 가족, 친구, 직장 내 선·후배 등의 관계가 개인의 행복한 삶을 결정짓는다. 그러나 대인관계의 갈등과 단절은 삶의 의욕을 떨어뜨리거나 불안, 공황장애 등과 같은 정신적 장애를 초래할 수 있다. 또한 대인관계가 결핍된 환경에서 자란 아이들은 면역이 약해지거나 언어발달, 신체 학대, 사회성 결핍 등이 생길 수 있다. 결국 긍정적이고 효율적인 대인관계는 신체 및 정신건강과 밀접한 관련이 있다.

INTERPERSONAL COMPETENCY

03 효과적인 대인관계 형성을 위한 기본요소

효과적인 대인관계를 위해서 자신을 먼저 이해한 다음 타인을 이해하면 타인에게 자신의 생각과 감정을 적절히 표현할 수 있다. 효과적인 대인관계를 형성하기 위해서는 서로에 대한 신뢰와 존중을 있는 그대로 받아들일 수 있는 태도가 필요하다. 따라서 효과적인 대인관계 형성을 위해 다음과 같은 요소들이 필요하다(장성화, 2009; 조경덕 외, 2015).

1) 일관성

대인관계에서는 생각과 행동이 일관되고 신뢰할 수 있도록 진실되게 표현해야 한다. 대인관계에서 성격 자체가 문제 되기보다는 얼마나 일관적인 태도를 가지느냐가 중요한 요소이다. 이런 일관적인 태도를 가질 때 우리는 진정한 대인관계를 형성할 수 있다.

2) 공감하는 태도

공감(sympathy)은 상대방이 경험했던 상황과 그 상황에서 비롯되었던 감정을 같이 느끼는 것을 의미한다. 인간은 어떤 문제를 해결할 때 누군가가 자신에게 위로하거나 기뻐하는 마음을 함께 나누고자 한다. 이런 관계가 잘 이루어질 때 서로 공감하는 진정한 인간관계가 형성된다.

3) 의사소통

모든 조직에서 소통이 단절될 때 대인관계가 바르게 형성되지 않는다. 소통할 때는 먼저 자연스럽게 소통할 수 있도록 분위기를 조성하며 상대방의 말에 경청하는 태도를 가져야 한다. 상대의 말을 진정으로 들어주었을 때 상대는 신뢰감을 형성하게 되어 서로 도와주고 존중하려는 감정이 생겨 새로운 대인관계가 형성하게 된다.

활동 1 나의 장단점 찾기

❖ 자신의 장점과 단점을 찾아보면서 대인관계에 어떤 영향을 미치는지 적어보시오.

나의 장점	나의 단점

1. 자신의 단점을 장점으로 변화시킨 사례를 작성하시오.

2. 장점과 단점들이 자신의 생활이나 대인관계에 어떠한 영향을 미치는가?

3. 효과적인 대인관계를 위해 자신의 단점을 앞으로 어떻게 보완할 수 있는가?

활동 2 나의 강점을 표현할 수 있는 경험

나의 강점 키워드	나의 강점(역량)을 표현할 수 있는 경험		
	상황	나의 행동	결과
예) 친절한 마음	예) 시험이 끝나고 집에 가는 중 할머니가 무거운 짐을 들고 신호등이 끝나가는데 길을 건너고 있다.	예) 피곤하여 모른 척하고 싶었지만 할머님이 위험해질 것 같아 짐을 들어 길을 건너드렸다.	예) 할머니께 고맙다는 인사를 받았고 길을 돌아가기는 하지만 뿌듯한 하루인 것 같았다.

1. 내가 실생활에서 많이 사용하고 있는 강점은 무엇인가?

2. 1번의 강점을 많이 사용하는 이유는 무엇인가?

사례 1 **개그맨 손○○가 절친한 형 윤○○에게 이별을 통보했다.**

채널A 예능 프로그램 '아이 콘택트'에서는 배우 김○○가 스페셜 MC로 함께한 가운데 윤○○와 손○○가 눈 맞춤을 하는 시간을 가졌다.
이날 윤○○는 "손○○는 없어서는 안 될 동생"이라며 손○○의 이별 선언에 당황했다고 털어놨다. 앞서 손○○는 절친한 윤○○, 박○○과의 관계를 끊겠다고 기사를 통해 알렸고, 이후로는 연락이 없었다.
손○○는 함께 실버타운에 살자는 박○○의 말에 이별을 결심했다고 고백했다. 손○○는 "요즘 너무 행복해. 나 왜 돈 버는지 아니? 너희들하고 실버타운에서 오손도손 살 거야"라는 박○○의 취중 진담을 듣고 섬뜩했다고 말했다.
손○○는 "각자의 가정을 꾸리는 게 급선무다. 지금은 헤어져야 한다."고 자신의 입장을 밝혔다.
이에 윤○○는 "분하기도 하고, 사귀는 여자랑 헤어지는 느낌이다"고 언성을 높였다. 서운한 마음에 눈시울을 붉히기도 했다.
눈 맞춤이 끝나고 손○○는 "이제 그만 봐야 한다는 생각이 든다."라며 노총각 형들 사이에서 지내다 보니 자신의 결혼이 늦은 줄 모르고 살아왔다고 고백했다. 또 "어디 가면 저도 고참인데, 형들 앞에서는 성장한 손○○로 대우를 못 받고 인정받지 못한 느낌이 든다."고 토로했다.
이어 손○○는 박○○, 윤○○의 말에 여자친구와 헤어진 사연을 털어놓으며 "참고 정도로 하고 내 생각을 반영해 정리했어야 했는데 그만큼 저한테는 형들이 전부였던 거다"고 말했다.
손○○의 20년 만의 고백에 당황한 윤○○는 "왜 우리 눈치를 보느냐. 그냥 친하면 되지"라고 말했다. 윤○○는 스케줄상 참여하지 못한 박○○에게 영상통화를 걸었다. 손○○는 박○○에게도 자신의 진심을 전했다.
박○○은 윤○○가 격분한 모습을 보이자 "네가 다독거려야지. 우리를 보고 배운 거다. 우리도 책임이 있다. 너도 형인 나를 안 챙기면서"라고 외쳤다.
윤○○는 손○○에게 "너의 시간을 잘 보내고 내 생일에 아무렇지 않다는 듯 나타나. 그것도 아니라면 나타나지 마"라고 제안을 건넸다. 결국 손○○는 윤○○의 마지막 제안을 거절하고 눈 맞춤방을 떠났다.

출처: 머니투데이, 김지아 기자(2020.12.3).

활동 3 대인관계를 잘 하는 사람 관찰 기록하기

[사례 1]과 같이 자신의 주변에서 대인관계를 원만하게 하는 사람과 원만하지 못한 사람의 행동을 관찰하고 기록해보시오.

출처: 김은영(2015). 인간관계의 이해와 적응.

사례 2 출세와 성공의 조건

어느 부모가 자녀들의 출세와 성공에 관심을 갖지 않을까. 그러나 정작 무엇을 어떻게 해주면 그렇게 되는지에 대해선 정확하게 알지 못하는 부모가 적지 않다. 흔히들 가지고 있는 오해와 신화는 '공부 잘하면 출세하고 성공한다.'는 믿음이다. 요즘 큰 사회문제로 지적되고 있는 과외열풍도 결국은 학교공부를 잘해야 출세하고 성공한다는 믿음에서 나온 행동이다.

한 사람의 출세와 성공에 가장 큰 영향을 주는 변수는 학교성적이 아니라 대인관계능력을 포함한 EQ능력이다. 어떻게 이렇게 단정할 수 있을까? 즉 어떤 증거와 근거가 있길래 한 사람의 출세와 성공에 학교성적보다 EQ가 더 중요하다고 말할 수 있다.

첫 번째 증거는 하버드 대학의 졸업생을 대상으로 한 연구에서 나온다. 95명을 선정해 그들의 졸업 당시 성적과 20년 후인 40대에서의 출세와 성공순위를 매겨본 후 비교해본 결과다. 출세와 성공의 기준으로 봉급, 지위, 인생만족도, 친구, 가족, 배우자와의 관계 등 다양한 내용을 측정했다. 결론부터 말하면 학교성적과 출세, 성공은 별 관련성이 없다는 것이다.

두 번째 증거는 '보스턴 40년 연구'라는 것에서 나온다. 보스턴대학의 헬즈만이라는 교수가 일곱 살 된 아이 450명을 선정하고, 40년이 지난 후 그들의 사회경제적 지위를 조사해본 것이다. IQ는 물론이고 부모들의 사회경제적 지위를 포함한 여러 변수들을 고려했다. 40년 후 이들의 출세 및 성공을 가장 잘 설명해준 변수는 좌절을 극복하는 태도, 감정통제능력, 타인과 어울리는 능력 등으로 나타났다.

세 번째 증거는 일리노이 고교 졸업자 연구에서 제시된다. 이 고등학교 수석과 차석 졸업자 81명을 대상으로 조사한 결과 그들의 사회적 출세와 성공은 성적이 낮은 집단과 비교했을 때 별다른 차이를 보이지 않았다는 것이다.

네 번째 증거는 미국 카네기멜론대학에서의 조사 연구 결과이다. 대인관계가 인생의 성공에 어느 정도 영향을 미치는지에 대한 조사 결과, 지적 능력이나 재능이 성공에 미치는 영향은 15%에 불과했고 대인관계가 성공에 미치는 영향은 85%로 절대적인 것으로 나타났다.

이러한 증거는 모두 외국에서 얻어진 것이지만, 출세와 성공에 있어서 EQ가 IQ나 학교성적보다 더 중요하고 대인관계 능력이 다른 어떤 능력보다 더 중요한 역할을 하리라는 예측은 우리나라에도 그대로 적용될 수 있으리라 생각된다.

특히 청소년기는 예비사회인으로서 직업인으로서의 삶을 준비하는 과정이기 때문에 바람직한 대인관계에 대하여 깊이 있게 생각하고 삶에 대한 가치관을 재정립할 필요가 있다. 그렇지 않으면 개인에 대한 사회적 기대와 역할, 사회생활과 직장생활의 적응에 따른 문제가 생겨날 수 있다.

출처: 한국산업인력공단(2016). 대인관계능력 학습자용 워크북. p.6. & 문용린 교수 특강(서울대학교) 수정.

활동 4

사례 1, 2를 읽고, 직장생활에서 대인관계능력이 무엇인지 나름 대로의 생각을 기술해보시오.

활동 5 한 학기 동안 새로운 대인관계를 하고 싶은 사람은 누구이며, 어떻게 활동할 예정인가?

누구와	
이유는	
어떻게	
결과 (사진 및 내용)	

04 대인관계의 이론

조직에는 여러 전문 인력이 있다. 예를 들면, 병원조직의 구성원은 의사, 간호사, 약사, 의료기사, 의무행정직, 기능직 및 단순 노무직 등의 여러 전문 인력이 모여 있다. 병원 구성원들은 입원한 환자를 비롯하여 많은 대상자와 관계를 이루어야 한다. 이때 원활한 대인관계를 통해 대상자의 정보를 얻고, 그들이 필요로 하는 간호를 적절히 제공할 수 있게 된다. 대상자가 어떤 의도로 말을 하며, 어떤 것을 요구하느냐에 따라 우리가 행하는 간호 및 대응은 달라질 수밖에 없다. 이처럼 대인관계에 대한 인간의 욕구를 보다 효과적으로 해결하기 위해 많은 학자들은 다양한 이론을 제시하였다.

1) 가즈다의 대인관계이론 – 인간관계 훈련 모형

가즈다는 대인관계에서 상담자와 내담자 또는 코치와 피코치의 상호작용을 중요하게 생각한다. 이들 간의 원활한 관계를 위해 대인관계 기술이 필요하며 내담자 또는 피코치의 요구를 다섯 가지 유형으로 분류하였다. 이 분류에 따라 상담자나 코치는 각 요구 유형에 대한 적절한 대응방법(인간관계 훈련 모형)을 제안하였다.

(1) 물리적 도움을 바라는 요청

물리적 도움을 바라는 요청은 주로 직접적 또는 암시적인 방식으로 피코치 또는 내담자가 코치 또는 상담자에게 바라는 행동, 상황 등을 말한다. 더구나 이 요청은 피코치 또는 내담자에게는 해가 되지 않는 요청이다. 보통 피코치 또는 내담자 스스로가 행동하기 어려운 경우 부탁하는 것이 일반적이다. 이런 경우에는 자신의 부탁이 거절될 수 있음을 알아야 하며, 코치 또는 상담자는 이런 부분까지도 감지하여 실행해 주어야 한다. 피코치 또는 내담자에게 해가 되지 않는 요청은 피코치 또는 내담자가 바라는 도움이 본인에게 이로운 것인지도 판단해야만 한다. 피코치 또는 내담자의 요구 이전에 이 행위의 수행이 피조력자에게 최선의 이익이 되는지 먼저 판단해야만 한다.

(2) 정보를 얻으려는 요청

피코치 또는 내담자 자신에 대한 정보를 많이 알면 알수록 안정감을 느끼게 된다. 예를 들면, IT 전문가들이 자신의 전문 지식을 고객에게 전달할 때 기본 원칙을 적용하게 되어 있다. 따라서 IT 전문가들이 고객보다 더 많은 지식과 정보를 가지고 있어 종종 고객에게 정보를 요청하게 된다. 전문가와 비전문가 간의 상호작용은 서로에 대한 신뢰로 이루어진다. 그러나 IT 전문가가 고객의 의견이나 동의 없이 개인정보를 사용하여 처리하게 되면 고객들은 불안함과 동시에 무력감을 느끼게 된다.

또한 정보 제공 과정에서 IT 전문가는 정보를 받는 이의 수준에 맞춰 이해하기 쉽게 설명해야 한다. 받는 이의 수준을 고려하지 않고 IT 전문가의 수준에 맞는 전문적인 언어를 사용하여 오만하거나 위압적인 태도를 보이는 경우 고객에게 부정적인 인식을 더 고취시킬 수 있다.

(3) 부적절한 의사소통

현재 대화하는 사람, 그 사람이 속한 기관이나 단체 등 타인에게 피해를 미칠 수 있는 대화는 부적절한 의사소통이 될 수 있으며 대화 내용이 직설적이고 공격적, 분열적일 수 있다. 이런 부적절한 의사소통을 효과적으로 정리할 수 있는 방법은 정중한 거절과 같이 감정을 상하지 않게 하는 방법을 취해야 한다.

(4) 이해, 관여를 원하는 요청

대상자가 처음에 만난 피코치나 내담자에게 우선적으로 추구하는 것은 타인과의 관계이다. 자신의 문제에 대한 직접적인 해답보다도, 타인에 대한 이해를 먼저 요구하는 것이다. 이때 코치나 상담자는 타인의 상태, 느낌, 태도 등을 우선적으로 파악하고 이에 적합한 반응을 해주어야 한다.

(5) 분노를 표현하기 위한 요청

분노는 불쾌한 감정들의 통칭으로, 고통, 슬픔 등의 비탄적인 감정과 상실감, 무력이나 허약함, 욕구 좌절, 거부감 등의 일차적인 감정에서 파생되어 발생한다. 이를 방치할 경우 분노가 확대되어 파괴적인 행동까지 유발하기도 하고 분노를 표출함으로써 스트레스 해소 및 정서적 안정을 도모하기도 한다. 분노하고 있는 대상자는 정상적인 사고나 의사소통이 어렵다. 이를 위한 중재로는 분노를 억제가 아니라 표출시켜 해소시키는 것이다. 표출되지 못하고 응축된 분노는 추후 파괴적인 행동양상을 보일 수도 있기 때문에 때로는 표현하는 것이 필요하며 부적절한 분노표현은 다른 건설적인 방향으로 전환시키는 것도 좋은 방법이다.

2) 교류분석 이론

교류분석은 미국의 정신의학자 에릭 번(Eric Berne)이 1950년대 후반부터 제창하기 시작한 상담 및 심리이론으로 집단 치료의 한 방법으로 개발되어 의료분야에 주로 적용되었다. 이 이론은 두 사람이 상호작용할 때 발생하는 에너지를 분석하여 인간의 행동을 이해하는 방법으로 대인관계의 친밀함을 도모하는 데 매우 중요한 영향을 미칠 뿐 아니라 개인의 인생태도를 형성하는 데도 결정적인 영향을 미친다. 즉, 타인과의 관계에 대하여 자신의 성격 경향에서 오는 행동심리의 패턴을 이해하고 상대방과 자신의 자아개념을 판단하며 상대방에게 맞는 메시지 교환을 훈련함으로써 대인관계를 개선하고 신뢰관계를 수립하는 자기통제법이다.

교류분석은 세 가지 자아상태, 즉 부모 자아상태(P), 성인 자아상태(A), 어린이 자아상태(C)로 구성되어 있다. 부모자아는 인간이 자신의 사회와 문화에서 살아가기 위해 알아야 하는 것으로, 인간이 해야 하는 것과 하지 말아야 하는 것에 대해 배워 온 법칙, 예절, 전통, 가치 등을 포함한다. 즉 부모자아는 학습된 생활 개념이라고 할 수 있다. 성인자아는 현실 지향적이며 정보의 객관적 수집을 지향하고 현실을 테스트하며 가능성을 탐색하고 냉정하게 행동할 수 있는 상태이다. 성인 자아상태는 부모, 아동, 성인 자아상태 중 가장 원숙하고 바람직한 자아기능으로 부모의 편견이나 아동의 감정이 통제되어서 통합적으로 적응력이 풍부하며 창조력을 높일 수 있다. 어린이 자아상태는 어린아이였을 때 한 것과 같이 행동하고 사고하고 느낄 때의 상태를 말한다. 이는 인간 내의 생득적으로 자연히 일어나는 모든 충동과 감정, 사람들 사이에서 경험한 감정들을 있는 그대로 표현하거나 아니면 그대로 순응하는 대인관계를 한다.

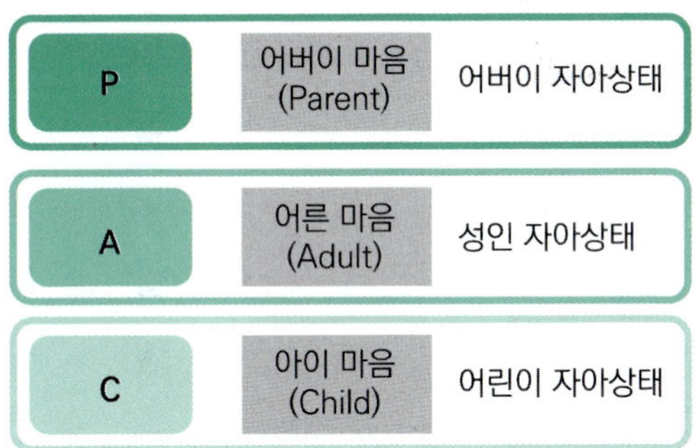

그림 1-2 교류분석의 자아 상태 구조 분석

출처: 장성화(2021). 대인관계와 의사소통.

3) 교환이론

교환이론은 인간의 행동을 상호 보상적인 교환과정으로 이해하는 이론이다. 이 이론은 사회적 상호작용을 중심으로 인간 행동을 분석하는 방법 중 하나이며 인간의 행동이 개인의 이익을 극대화하려는 원리에 기반하여 상호작용이 보상과 대가의 형태로 이루어져 있다. 호만스(Homans, 1958)는 사회적 행동을 사람과 사람이 직접적으로 만나고 사람과 사람 사이의 행동에 대한 보상과 벌이 즉각적으로 일어나는 비공식적인 것이라고 설명하고 있다. 즉, 주고받는 과정에서 주는 쪽이 경제적 차원에서 평가하는 반면, 받는 쪽에서는 그것을 비경제적인 심리적 차원에서 받아들일 수도 있다는 것이다. 결국 대인관계는 언제나 이익을 추구하는 관계만 있는 것은 아니라는 것이다. 이해관계를 바탕으로 하지 않는 부모-자녀관계나 자원봉사처럼 보상을 바라지 않고 대가를 지불하는 관계도 있다. 그러나 대가나 보상에는 물질적인 것 외에 가치 실현, 심리적 만족, 사랑과 같은 주관적인 것도 포함된다고 보면 보람이나 감사의 마음이 보상되는 부모-자녀관계, 또는 스승과 제자의 관계 등이 이 이론에 적용된다고 볼 수 있다.

사람들은 자신들이 준 것보다 받는 것이 더 많을 때, 보상이 대가보다 더 클 때, 헌신과 봉사를 더 많이 받을 때 상대방을 존경하지만 주는 입장에서는 받는 것은 적으면서 주는 것이 많으면 동기부여가 적어진다. 결국 대인관계를 지속시키려면 준 만큼 받을 수 있도록 해야 한다(김성희, 2017). 따라서 사람들은 상대방에게 가능한 한 적은 대가를 치르고 많은 보상을 이끌어내려 하므로 상호작용을 계속할 것인지 말 것인지에 대한 결정은 대가와 보상의 차이를 비교해서 이루어지게 된다(권성민 외, 2017).

4) 조하리 창

바람직한 대인관계를 맺기 위하여 자기 자신에 대한 올바른 의식과 타인에 대한 올바른 이해가 필요하다. 이러한 이해를 위하여 미국의 심리학자 조셉(Joseph)과 해리(Harry)는 두 사람의 이름을 본떠서 '조하리의 마음의 창(Johari Window)'이라는 자아개방 이론을 개발하였다. 이 이론은 '자기개방(self-disclosure)'과 '피드백(feedback)'이라는 두 가지 개념에 기초하였다. 대인관계에서 자신이 타인에게 보여지는 점에 있어서 사람마다 차이가 있지만, 나 자신을 타인에게 내보이는 일과 타인이 나에 대해 어떻게 느끼고 있는지를 잘 아는 일이 중요하다. 즉, 대인관계에서 자아개방이 왜 필요하며 얼마나 중요한 것인지를 나타내줌으로써 자기 이해가 깊어지고 자신의 행동에 대한 조절능력이 커질 수 있다.

(1) 자기개방의 정도

'나는 타인에게 나에 대한 이야기를 잘하는가?', '나는 타인에게 나의 속마음을 잘 내보이는가?' 등 개인마다 차이가 있지만 내가 타인에게 보이는 정도를 스스로 판단하여 척도에 표시하게 한다.

자신도 모르는 것을 타인이 안다면 유쾌한 감정이 아니기 때문에 자신을 보호하기 위해 방어적인 태도를 가지게 된다. 그러나 대인관계를 잘하면 자신이 타인에게 내보이는 것에서도 자유로워진다.

(2) 피드백을 얻는 정도

'타인이 나에 대해 어떤 생각을 가지고 있는지 알려고 노력하는가?', '나는 타인이 나에 대해 하는 말에 귀를 기울이는가?', '타인이 나를 어떻게 평가하고 있는지 잘 알고 있는가?' 등 개인마다 차이가 있지만 내가 타인으로부터 피드백을 얻는 정도를 스스로 판단하여 척도에 표시하게 한다.

타인이 나에 대해 말하는 것을 듣는 것이 불편해지는 것은 사실이다. 그러나 '타인은 나를 비춰주는 사회적 거울'이라는 말이 있듯이 타인의 반응 속에 나의 모습을 비춰보는 일이 중요하다.

위의 두 가지 질문에 대한 숫자를 적용하여 정사각형을 사분면으로 나누었다. 자기공개의 정도와 피드백의 정도에 따라 네 가지 영역으로 구분되며, 네 영역별로 서로 다른 특징을 보인다.

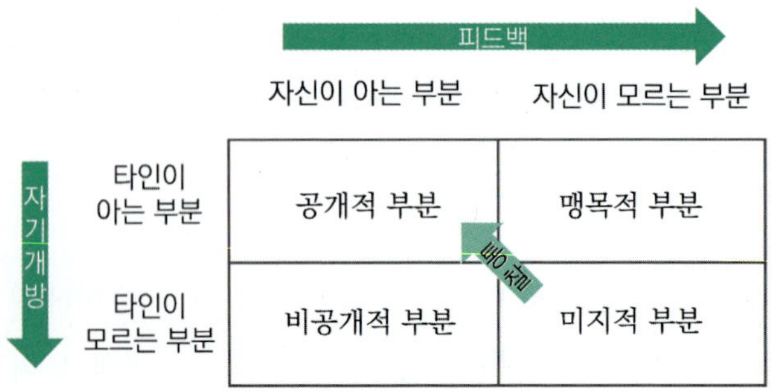

▌그림 1-3▐ 조하리의 창

출처: 김은영(2015). 인간관계의 이해와 적응.

첫째, 공개적 부분은 나도 알고 있고 타인에게도 알려져 있는 영역을 말한다. 이 영역에는 자신에 대한 정보로 이름, 성별, 직업 등 모든 사람이 알고 있는 정보가 해당된다.

둘째, 맹목적인 부분은 남은 알지만 자신은 모르고 있는 영역을 말한다. 이 영역이 넓은 사람은 눈치가 없고, 둔한 사람으로, 타인이 보기에는 개선할 점이 많으나 자신은 그와 같은 것을 깨닫지 못하고 스스로 잘난 체하거나 문제가 없는 척하는 등의 자기도취적인 사람이다. 이 영역에는 자신의 이상한 행동, 습관, 특이한 말버릇, 독특한 성격 등이 해당된다.

셋째, 비공개적 부분은 자기만 알고 남들은 모르는 영역으로 완전히 사적인 영역이다. 이 영역이 넓은 사람은 자기표현이 부족하여 타인이 자신의 속에 어떤 생각, 느낌을 갖고 있는지 알 수 없어 쉽게 접근하기가 힘든 사람이다. 이 영역에는 자신의 약점, 비밀, 열등감, 콤플렉스 등이 해당된다.

넷째, 미지적 부분은 자신에 대해 자신도 모르고 남도 모르는 것으로 마치 무의식적인 정신세계처럼 우리 자신에게 알려져 있지 않은 영역이다. 이 영역은 자신에 대해 어떤 우발적인 사건이나 충격적인 경험, 상담 등을 통해 전혀 알지 못했던 정보들을 알아낼 수 있다.

대인관계의 초기 단계에서는 미지적 부분이 넓게 나타나지만, 친밀한 관계로 발전되면서 공개적 부분이 가장 넓게 나타난다. 타인을 더 많이 신뢰할수록 사적인 것들을 더 많이 개방하려고 할 것이며, 그러한 개방적인 관계 속에서 타인들은 자신들이 생각하는 것을 더 많이 말해줄 것이다(김은영, 2015).

활동 6

현재 자신의 대인관계능력 중 좋은 점과 개선이 필요한 점에 대해 나름대로 기술해보시오.

좋은 점	개선점

학습성찰

학습한 내용 중 본인의 생활에 적용 가능한 내용과 적용 계획을 작성해 보시오.

평가내용	자가진단				
	1	2	3	4	5
대인관계의 개념과 필요성을 설명할 수 있다.					
대인관계의 이론을 설명할 수 있다.					

내용	적용 내용
학습내용에 대해 새롭게 발견한 점	
학습내용에 대해 느낀 점	
학습내용 중 본인의 생활에 적용 가능한 점	
적용계획 (구체적으로 작성)	
기대효과	

CHAPTER 02

바람직한 대인관계능력

INTERPERSONAL COMPETENCY

세부목표

대인관계에서 위기 상황과 바람직한 대인관계를 만들기 위한 방법에 대해 알아보고 적용해 볼 수 있다.

일반목표

1. 대인관계의 위기에 대해 설명할 수 있다.
2. 대인관계를 이해하기 위한 방법을 습득하고 자신이 처한 상황에 맞게 활용할 수 있다.
3. 바람직한 대인관계를 실천할 수 있다.
4. 대인관계 향상을 위한 방법과 실제를 통해 대인관계능력을 높일 수 있다.

주요용어

대인관계 위기, 대인관계 향상 방법, 바람직한 대인관계

미리보기

미국의 카네기 공대 졸업생을 추적 조사한 결과, 그들은 한결같이 이구동성으로 "성공하는 데 전문적인 지식이나 기술은 15%밖에 영향을 주지 않았으며, 나머지 85%가 인간관계였다."라고 말했습니다.
우리 주위의 성공한 사람들을 보면 하찮다고 생각할 만한 작은 일에도 소홀히 하지 않고 잘 챙겨서, 여러 사람과 좋은 관계를 맺어온 것을 봅니다.
그들은 특히 '세 가지 방문'을 잘 했는데 '입의 방문', '손의 방문' 그리고 '발의 방문' 그 세 가지입니다.
입의 방문은 전화나 말로써 사람을 부드럽게 하며 칭찬하는 것이고 용기를 주는 방문입니다. 손의 방문은 편지를 써서 사랑하는 진솔한 마음을 전달하는 것이고, 발의 방문은 상대가 병들거나 어려움이 있을 때 찾아가는 것을 의미하는데 바로 이런 것을 잘 하는 사람이 성공할 수 있고, 큰일을 할 수 있습니다.
고기는 씹어야 맛이고 말은 해야 맛입니다. 칭찬은 할수록 늘고, 편지는 쓸수록 감동을 주며, 어려운 이는 찾아갈수록 친근해집니다.
인간관계에 감동을 주는 사람은 오랫동안 기억에 남을 것입니다.

출처: 장성화(2021). 대인관계와 의사소통.

01 우리 사회에서 진정한 만남이 어려운 이유

현대문명의 발달로 인해, 우리 사회는 사람과 사람 간의 관계가 복잡하게 얽혀있다. 그러나 각종 바이러스 출현으로 사람들과의 관계 형성이 어려워지고 있다. 이런 상황에서 개인의 대인관계능력이 더욱 중요하게 작용되고 있다. 그렇다면 진정한 관계가 왜 어려운지 살펴볼 필요성이 있다. 진정한 관계를 어렵게 만드는 이유는 다음과 같다(이태연 외, 2006).

첫째, 경쟁하는 사회이다. 어느 사회이든 경쟁은 존재한다. 하지만 조직의 구성원들끼리 경쟁을 너무 강요하게 되면 과도한 스트레스와 비경제적인 반목(反目)으로 조직의 효율성이 떨어지게 된다.

둘째, 가족의 역할변화이다. 급변화하는 사회로 인해 주변 사람 간의 정서적 지지나 친밀한 관계 형성이 어려워지고 있다. 이로 인해 외로움과 고독이 커지고 있는 상황에서 가족의 역할이 정서적 지지나 친밀한 관계 형성을 위해서 더 중요해지고 있다. 그러나 가족 간의 역할이 충분히 이루어지지 않을 경우 실망과 좌절감은 더 커지고 이는 결국 가족 간의 불화로 이어질 수 있다(이태연 외, 2006). 따라서 대인관계능력은 결국 한 가족의 역할에서 비롯된다. 물론 가족의 역할이 오히려 더 중요하고 건강해 보일 수도 있지만 가족끼리의 역할이 충족되지 않는다면 실망과 좌절을 더 많이 느끼게 되어 가족의 불화로 이어질 수 있다(이태연 외, 2006).

셋째, 네트워크 문화이다. 현재 우리 사회는 IT가 많이 발달되어 있다. 최근에 인터넷 이용 형태가 PC에서 스마트폰, 태블릿 등으로 대체되고 있으며, 이용자도 다양한 연령층으로 늘어나고 있다. 또한 다양한 네트워크를 통해 자신과 비슷한 생각과 취향을 가지 사람들과 모임을 만들어 관심을 공유하고 과거에는 불가능해 보였던 정치 및 사회 이슈가 네트워크를 통해 형성되기도 한다. 그러나 다양한 네트워크가 일반화되면서 예기치 못했던 부정적인 측면이 나타나기도 하였다. 사람들 간의 대화가 줄어들게 되었고 대화를 하더라도 메신저와 같은 매체를 통해 진지한 대화보다는 가볍고 피상적인 대화를 하게 된다(권성민 외, 2017).

넷째, 다원화된 사회이다. 사람과 사람 사이의 관계가 다원화되면서 공통적인 관심사를 찾는 것이 대화의 시작에서 중요한 것처럼 대인관계에서도 비슷한 경험이나 생각을 공유하는 것은 친밀한 인간관계를 유지하는 데 중요한 역할을 한다. 그러나 서로 다른 가치관, 경험 그리고 기호를 가진 사람들이 만나는 상황에서 사람들 간의 공통점은 줄어들며 갈등의 가능성은 늘어나게 된다.

활동 1 현재 나의 대인관계에서 진정한 만남을 하고 있는 경우를 써보시오.

1. 최근 나의 대인관계에서 진정한 만남을 하고 있는 경우를 설명하시오.

2. 진정한 만남을 이어가는 데 방해받고 있는 환경은 무엇인가?

02 대인관계를 이해하는 관점

1) 심리적 관점

우리는 살아가면서 매 순간 선택을 하게 된다. 가령 '회사를 그만둘 것인가? 아니면 계속 다닐 것인가?', '오늘 친구를 만날 것인가? 집으로 바로 갈 것인가?' 등 둘 이상의 생각에서 고민하고 선택을 하게 된다. 자신의 생각에 따른 행동에는 평소 자신이 가지고 있는 개인의 성격이나 습관, 부모님, 주변인과 주변의 환경 등 다양한 요인에 의존하게 된다. 그러면서 우리는 타인에게 조언을 얻기도 하고 조언을 주기도 한다. 결국 매 순간 어떤 선택을 하느냐는 우리 삶의 질을 결정하기도 한다.

2) 사회적 관점

우리는 사회를 살아가면서 나름대로 자신의 역할을 수행하게 된다. 대학생은 '학생'으로서의 역할, '자식'으로서의 역할, '친구'로서의 역할, '부모'로서의 역할, '연인'으로서의 역할 등 많은 역할을 가질 수 있으며 그 역할이 주는 기대에 따라 행동하게 된다. 사람이 상황에 따라서 역할을 하다가 다른 역할을 하는 것을 역할 이행이라고 한다. 역할에 따라 행동 패턴에 약간의 변화가 생기지만, 행동에 안정성을 부여하는 성격으로 인해 어느 정도의 일관성을 유지하게 된다.

사회적 관점에서 볼 때 이상적인 대인관계는 자신에게 부여된 사회적 역할을 기대에 따라 잘 수행할 때 가능하다고 본다. 어떤 경우에는 역할의 영향력이 지나치게 커서 역할 이행의 융통성이 부족하고 다른 역할을 수행할 때도 영향력을 미치는 때가 있다. 사람은 사회생활을 하는 동안 다양한 사회적 역할을 수행하는 데 어떤 경우에는 이러한 역할들이 서로 충돌을 일으킬 수 있다. 우리가 당연하게 생각하는 사회적 역할도 상황에 따라서 갈등의 원인이 될 수 있다.

3) 경제적 관점

사람들은 인간관계를 통해 비용을 치르고 보상을 얻게 되는데 경제적인 관점에서만 본다면 가장 적은 비용으로 가장 많은 보상을 주어 가장 큰 결과를 남기는 대인관계를 가장 이상적으로 보겠지만 실제로는 반드시 그렇지는 않다. 왜냐하면 사람마다 상대방과의 대인관계를 통해 얻고자 하는 것이 서로 다르기 때문이다. 자신이 받는 보상에 비해 상대방에게 많은 비용을 투입한다면 물론 좋은 이미지를 남길 수는 있겠지만 자기가 볼 때 아무리 많은 비용을 들인다고 해도 상대방의 비교수준을 모르는 이상 인간관계의 수준을 판단하기는 어렵다고 할 수 있다. 자신이 보기에 상대방에게 도움이 될 것이라고 생각하여 해준 것이 상대방은 그렇지 않을 수도 있다.

03 바람직한 대인관계

이상적인 대인관계가 무엇인지를 알기 위해서 대인관계에 대한 여러 이론들을 토대로 어떤 대인관계가 이상적인지를 먼저 알아볼 필요가 있다. 대인관계는 사회심리학, 행정학, 공학, 법학, 융합 과학 등의 다양한 분야에서 관심을 가지고 있지만 이론적 측면에서 사회심리학 분야가 활발하게 연구되고 있다. 아들러(Adler)는 심리학을 관계심리학, 대인관계 심리학이라고 불릴 정도로 관계에 대한 연구가 중요하다는 것을 강조한다. 아들러는 인간은 본질적으로 사회성을 가지고 있으며, 인간의 행동은 사회적 맥락 속에서 해석되어야 한다고 강조하고 있다. 인간의 행동을 이해하기 위해서 최초의 집단인 원가족을 비롯하여 아동기, 청소년기, 성인기, 친밀한 우정 관계 등에 특별한 관심을 갖고 그 관계 속에서의 행동을 중심으로 이론을 정립해 나갔다.

오늘날 아들러가 제시하는 바람직한 인간관계는 서로 과제분리가 잘 되고, 수평관계를 맺고, 용기 부여를 하는 관계라고 제시하였다.

1) 과제분리

바람직한 대인관계의 시작은 과제분리이다. 주어진 일이 누구의 일인지를 파악해야 한다. 그 일이 나의 일이면 내가 책임지고 해야 하지만, 타인의 일이라면 당사자의 요청이 없을 때 함부로 개입하지 않는다. 대인관계 문제는 타인의 일에 함부로 개입하는 것이다. 다시 말해서 나의 일, 너의 일, 함께하는 일 등 일에 대한 역할 분리가 원활하지 않아서 생길 수 있다.

2) 수평관계

수평관계는 서로 다르지만 대등한 가치를 가지고 있음을 인정하고 존중하는 관계를 말한다. 타인의 일에 불쑥 끼어드는 것은 상대를 나보다 더 아래라고 보고 내가 의도하는 방향으로 조종하는 것이다. 나는 옳고 상대는 틀렸다는 발상은 수직 관계적 발상이다.

3) 용기부여

용기부여는 상대가 스스로 과제를 해결할 수 있도록 곁에서 힘이 되어주는 것을 말한다. 상대의 과제에 끼어들어 조종하려는 것이 아니라, '잘 할 수 있다'라고 자신감을 불어넣어 주고 격려하는 것이다. 따라서 타인에게 용기를 주는 다섯 가지 방법은 다음과 같다(오구라 히로시, 2015).

첫째, 단점을 언급하는 대신 장점을 언급해야 한다. 우리는 보통 사람을 장점을 찾기보다는 단점을 찾는다. 이는 직장생활에서 성과 위주로 결과를 내다 보니 장점보다는 단점을 열 배는 더 많이 지적받게 된다. 그 결과 자신 또한 무의식적으로 단점을 찾게 된다. 그래서 우리는 자신의 장단점을 말하게 하면 장점보다는 단점을 더 많이 언급하게 된다. 하지만 의지를 다지고 미래지향적인 태도로 자기결정을 할 수 있는 사람에게는 단점보다는 장점을 언급하는 것이 놀라운 효과를 발휘한다.

둘째, 감점주의 대신 가점주의를 부여하는 것이다. 감점주의는 높은 직위에 있는 사람이 낮은 직위의 사람을 보고, 기준에 부합하지 않을 시 감점하는 방식이다. 지식이나 경험이 풍부한 사람일수록 이러한 감점주의를 채택하기 쉽지만, 주변 사람을 이해하고 싶다면 공감의 눈으로 바라보며 시선을 낮추고 상대방의 눈으로 보고, 듣고 느끼는 것이 훨씬 중요하다.

셋째, 과정을 중요시해야 한다. 좋은 제품을 빨리 만들기 위해 결과가 전부일지 모르지만 좋은 제품을 만들기 위해 인간이 노력했던 과정에 관심을 가져주어야 의욕이 생긴다. 따라서 작은 진보, 묵묵한 노력에도 눈길을 주는 자세가 필요하다.

넷째, 실패를 받아들이는 것이다. '실패는 성공의 어머니이다'라는 말이 있다. 즉 실패는 도전의 증거이고 기회이다. 수많은 실패를 통해 다양한 것을 배울 수 있다.

다섯째, 감사한 마음을 전하는 것이다. 자신을 도와주고 협력해 준 사람들에게 '죄송합니다.', '면목이 없습니다.'라는 사과의 말보다 '감사합니다.', '덕분에 살았습니다.'라며 감사의 말을 건네는 것이 업무의 효율을 높일 수 있다.

04 대인관계를 향상시키는 방법

우리는 은행계좌가 무엇인지 잘 알고 있다. 은행계좌란 은행에 가서 계좌를 만들고 이 계좌에 예금을 하며 필요할 때 인출할 수 있도록 하는 저축고이다. '감정은행계좌'란 인간관계에서 구축하는 신뢰의 정도를 은유적으로 표현한 것이다. 만약 우리가 다른 사람의 입장을 먼저 이해하고 배려하며, 친절하고 정직하게 약속을 지킨다면 우리는 감정을 저축하는 셈이 된다.

그러면, 감정은행계좌를 적립하기 위한 여섯 가지 주요 예금 수단을 살펴보자 (한국산업인력공단 대인관계능력 학습자용, 2016).

1) 상대방에 대한 이해와 양보

대인관계는 타인에 대한 이해와 양보를 기반으로 이루어진다. 이해와 양보를 기반으로 했을 때 개인의 심성이 주변 사람들을 편안하게 해주고 조직을 부드럽게 하는 윤활유 같은 역할을 한다. 타인의 마음속에 감정을 저축하는 가장 중요한 예금수단은 타인의 입장에서 양보하고 배려하는 노력이다. 감정저축은 시간이 갈수록 감정에 대한 이자가 늘어 세월이 지나면 큰 가치로 되돌아온다. 감정은행계좌에 저축하기 위해서 나보다 상대방의 입장을 먼저 이해하고 배려하는 노력이 있어야 한다. 타인에 대한 이해와 양보는 인간관계에서 유대관계를 강화시키고 자신에 대한 인격과 신뢰를 쌓게 되는 것이다. 이 인격과 신뢰는 개인의 작은 희생과 양보가 계속 쌓여 나중에는 큰 이익으로 돌아올 수 있는 것이다.

2) 사소한 일에 대한 관심

인간관계에서 친절과 공손함은 매우 중요하다. 반면 작은 불손, 작은 불친절, 무례함 등은 막대한 인출을 가져온다. 인간관계에서의 커다란 손해는 사소한 것으로부터 비롯되며 사람들은 사소한 것에서 상처받기 쉽고 내적으로 민감하다. 비록 외적으로 차갑고 냉담하게 보이는 사람일지라도 내적으로는 민감한 느낌과 감정을 누구나 갖고 있다.

3) 약속의 이행

인간관계에서 책임감을 갖고 약속을 지키는 것은 중요한 감정 예입 행위이며 약속을 어기는 것은 중대한 인출 행위이다. 사실 타인에게 중요한 약속을 해놓고 어기는 일은 가장 큰 인출 행위이다. 약속을 어기는 인출 행위가 발생하고 나면 다음에 약속을 해도 상대가 믿지 않게 마련이다. 만약 자신이 스스로 한 약속을 항상 지키는 습관을 갖는다면 인간관계에서 이해의 간격을 이어 주는 신뢰의 다리를 놓게 될 것이다.

4) 칭찬하고 감사하는 마음

칭찬은 대인관계를 맺는 기술의 기초다. 타인에 대한 칭찬과 감사의 표시는 상호 신뢰관계를 형성하고, 사람의 마음을 움직이게 하는 중요한 감정예입 행위이다. 칭찬을 받으면 자신의 가치를 인정받은 것 같아서 존재감이 높아지기 때문이다. 그러나 타인에 대한 불만과 불평은 커다란 인출을 가져온다. 대인관계의 손상은 상호 간에 신뢰가 무너지고 불신과 불만이 쌓이면서 시작된다. 사람들은 작은 칭찬과 배려, 감사하는 마음에 감동을 받기도 하지만, 사소한 무관심과 불만에 쉽게 상처를 받게 된다. 이처럼 친밀한 대인관계를 맺기 위해서 칭찬을 적극 활용하는 것은 좋으나 상황과 상대에 맞지 않는 칭찬은 오히려 관계를 어색하게 만든다.

5) 언행일치

개인의 언행일치는 신뢰를 가져오고 감정은행계좌에 많은 종류의 예입을 가능케 하는 기초가 된다. 언행일치는 정직 그 이상의 의미를 가진다. 정직은 사실대로 말하는 것으로 우리가 하는 말을 사실과 일치시키는 것이다. 언행일치는 사실을 우리의 말에 일치, 즉 실현시키는 것으로 약속을 지키고 기대를 충족시키는 것이다.

6) 진지한 사과

진지한 사과는 감정은행계좌에 신뢰를 예입하는 것이다. 그러나 반복되는 사과는 불성실한 사과와 마찬가지로 받아들여져 신용에 대한 인출이 된다. 또한 평소 어떤 관계였는가에 따라 사과는 예입이 될 수도 있고 인출이 될 수도 있다. 실수를 저지르는 것과 그것을 인정하지 않는 것과는 별개의 문제이다. 사람들은 실수를 기꺼이 용서하려고 한다. 왜냐하면 실수란 보통 순간적인 판단 착오로 빚어지기 때문이다. 그러나 사람들은 의도적인 실수, 즉 나쁜 의도나 나쁜 동기 혹은 처음의 실수를 덮으려는 정당화 등에 대해서는 쉽게 용서하려 들지 않는다.

사례 1 대인관계능력 향상방법

<사례 A>

동아리에서 12명의 단원이 설악산에 캠핑을 갔다. 저녁 무렵에 목적지에 도착하자 할 일이 많아졌다. 짐을 옮기고 텐트를 쳐야 하고, 식사와 여흥 준비도 해야 했다. 이런 일에 늘 앞장서는 사람은 철수였다. 철수는 부지런히 짐을 나르고 땀을 흘리며 텐트를 치고 식사를 준비하였다. 그런데 정호는 쉬기 편한 곳을 찾아 자리를 깔고 앉아 은혜와 이야기꽃을 피우기 시작했다. 이윽고 식사가 마련되자 정호는 가장 좋은 자리를 먼저 차지하고 식사를 하였다. 철수는 모든 일에 솔선수범하고 희생하였고, 정호는 언제나 자신에게 유리한 기회만 찾아다니곤 하였다.

<사례 B>

나는 몇 년 전에 두 아들과 함께 저녁시간을 보낸 적이 있다. 체조와 레슬링을 구경하고 영화를 관람하고 돌아오는 길에, 날씨가 몹시 추웠기 때문에 나는 코트를 벗어서 작은 아이를 덮어 주었다. 큰 아이는 보통 재미있는 일이 있으면 수다스러운 편인데, 그날따라 유난히 계속 입을 다물고 있었고 돌아와서는 곧장 잠잘 채비를 하였다. 그 행동이 이상해서 큰 아이의 방에 들어가서 아이의 얼굴을 보니 눈물을 글썽이고 있었다. "얘야 무슨 일이니? 왜 그래?". 큰 아이는 고개를 돌렸고 나는 그 애의 떨리는 눈과 입술 그리고 턱을 보며 그 애가 약간 창피함을 느끼고 있음을 눈치챘다. "아빠, 내가 추울 때 나에게도 코트를 덮어 줄 거에요?". 그날 밤의 여러 프로그램 중 가장 중요한 것은 바로 그 사소한 친절행위였다. 작은 아이에게만 보여준 순간적이고 무의식적인 애정이 문제였던 것이다.

<사례 C>

나는 지키지 못할 약속은 절대로 하지 않는다는 철학을 가지고 이를 지키기 위해 노력해왔다. 그러나 이 같은 노력에도 불구하고 약속을 지키지 못하게 되는 예기치 않은 일이 발생하면 그 약속을 지키든가, 그렇지 않으면 상대방에게 나의 상황을 충분히 설명해 약속을 연기한다.

<사례 D>

직장동료 K는 상사에게 매우 예의가 바른 사람이다. 그런데 어느 날 나와 단둘이 있을 때, 상사를 비난하기 시작하였다. 나는 순간 K에 대해 의심이 들었다. 내가 없을 때 그가 나에 대한 악담을 하지 않을까?

<사례 E>

P치과의 원장은 의술이 뛰어날 뿐만 아니라 마음씨가 따뜻하고 사려심이 깊은 사람이다. 그가 입사한 지 얼마 안 되는 L간호사와 주고받는 대화이다. "L간호사, 우리 병원에 온 지 얼마나 됐지?" "3개월 되었습니다." "그렇게밖에 되지 않았는데 정말 놀랍게 잘하네. 아주 마음먹고 잘해보겠다고 결심을 한 모양이지? 난 L간호사가 우리 병원에 와준 것이 너무 자랑스러워." 그러고 나서 원장은 이런저런 상황의 업무들을 친절하게 설명하였다. 반면에, S치과의 원장은 간호사의 실수에 늘 못마땅하여 "아직도 그것을 못해?"라고 핀잔을 주기 일쑤였다. 그러다 보니 S치과는 간호사가 자주 바뀌었고, 사소한 일들도 원장이 직접 해야 했다. 하지만 P치과는 이직률이 낮고 간단한 일은 대부분 간호사가 다 처리하였다. 따라서 의사가 더 많은 환자를 진료할 수가 있었다.

<사례 F>

직장동료 H는 업무상의 문제로 나와 자주 갈등을 빚곤 한다. 처음에는 H가 "제 잘못이었습니다."라는 식으로 사과를 하여 좋은 관계를 유지해왔다. 하지만 같은 일이 반복되면서 그가 사과를 하더라도 이제는 별로 신뢰가 가지 않는다.

출처: 한국산업인력공단(2016). 대인관계능력 학습자용 워크북. p.14.

활동 2 대인관계능력 향상방법

[사례 1]을 읽고, 앞으로 자신의 대인관계능력 향상과 관련하여 느낀 점이 있으면, 자유롭게 적어보시오.

사례	사례를 통해 느낀 점
A	• • • •
B	• • • •
C	• • • •
D	• • • •
E	• • • •
F	• • • •

출처: 한국산업인력공단(2016). 대인관계능력 학습자용 워크북.

활동 3 성격 / 성향

[슬기로운 의사생활] 동영상을 보고 다음의 각 캐릭터의 성격/성향을 정리해보시오.

인물	장점	개발해야 할 점	대인관계능력 (1~5점 척도)
1. 흉부외과(CS) 김준완			
2. 소아외과(PSD) 안정원			
3. 산부인과(OBGY) 양석형			
4. 간담췌외과(GS) 이익준			
5. 신경외과(NS) 채송화			

학습성찰

학습한 내용 중 본인의 생활에 적용 가능한 내용과 적용 계획을 작성해 보시오.

평가내용	자가진단				
	1	2	3	4	5
바람직한 대인관계를 설명할 수 있다.					
대인관계를 향상시키는 방법을 설명할 수 있다.					

내용	적용 내용
학습내용에 대해 새롭게 발견한 점	
학습내용에 대해 느낀 점	
학습내용 중 본인의 생활에 적용 가능한 점	
적용계획 (구체적으로 작성)	
기대효과	

대 인 관 계 능 력

INTERPERSONAL COMPETENCY

CHAPTER 03

팀워크 능력

INTERPERSONAL COMPETENCY

세부목표

직장생활에서 다른 구성원들과 목표를 공유하고 원만한 관계를 유지하며, 자신의 역할을 이해하고 책임감 있게 업무를 수행하는 능력을 기를 수 있다.

일반목표

1. 팀워크의 의미를 설명할 수 있다.
2. 효과적인 팀의 특성을 설명할 수 있다.
3. 멤버십의 의미를 설명할 수 있다.
4. 직장생활에서 팀워크를 촉진시키기 위한 방법을 활용할 수 있다.

주요용어

팀, 팀워크, 멤버십

미리보기

조직의 성과는 팀워크가 중요하다.

크고 작은 조직에는 일정한 문화가 있습니다. 이러한 조직 문화는 조직 내 구성원들이 공유하는 정신적인 가치를 의미합니다. 또한 조직의 리더가 설정한 목표에 따라 구성원들이 영향을 받아, 이것이 문화로 형성될 수도 있겠지요. 어느 조직은 혁신을, 어느 조직은 안정을 강조합니다. 또 어느 조직은 구성원의 인간존중을, 또 어느 조직은 무엇보다 성과지향을 우선시하기도 합니다.

그러나 범위를 좁혀 일하는 방식과 관련한 조직 문화를 살펴보면, 스타 중심의 조직과 팀워크 중심의 조직으로 나눌 수 있습니다. 이것은 스포츠에서도 적용되지요.

특출한 스타플레이어의 재능에 의존하는 팀도 있고, 스타플레이어는 없지만 튼튼한 팀워크로 성과를 거두는 팀도 있습니다. 그러나 아무리 탁월하다 해도 여러 사람의 능력을 합친 것보다 뛰어난 능력을 가진 사람은 거의 없기 때문에 소수의 스타 직원에 의해 일을 추진하는 것보다는 대다수 직원들이 능력을 마음껏 발휘할 수 있는 문화를 만들어야 합니다.

이와 관련하여 세계적 경영학계의 구루 하워드 스티븐슨 교수는 소수의 스타에 의존이 지속되면 "조직의 문화가 병들게 되고, 또 그런 문화 속에서는 개인의 비전이 제한될 뿐만 아니라 '제각각의 분위기'가 형성된다"고 말한 바 있습니다. 스타에 의존하는 조직 문화는 '권위적 문화'로 발전할 수 있음에 반해, 팀워크 중심의 문화는 '책임을 공유하는 문화'로 발전될 수 있습니다. 당연히 권위적 문화에서는 개인의 창의성과 자발성이 제약을 받지만 팀워크 중심의 문화에서는 공동의 책임에 따라 권한이 발휘되기 때문에 생산적인 상호작용이 일어날 수 있습니다. 따라서 성공적인 조직 문화는 전략을 능가합니다.

출처: 염홍철의 아침단상 863, 〈중도일보〉 2020.3.31.

01 팀워크의 개념 및 필요성

운동경기를 하다 보면 개인의 능력도 중요하지만 팀워크도 매우 중요하다는 것을 알 수 있다. 스포츠계에서 '뭉치면 살고 흩어지면 죽는다.'라는 말이 있는데 이 말은 공동의 목표인 승리를 달성하기 위해 함께 노력하는 팀워크의 중요성을 강조하는 말이기도 하다. 감독, 코치, 선수들은 팀워크의 중요성을 무시할 수 없다. 팀이 승리하기 위해서는 개인의 감정과 갈등은 뒤로하고 팀에 가장 이득이 되는 것이 무엇인지 생각하는 것이 필수적이다.

스포츠계에서 말하는 팀다운 팀의 조건은 직장이라는 조직에서 그대로 적용된다. 대부분의 조직은 서로 상호작용하는 방식에 대해 중요한 사항조차 이해하지 못하는 개인들이 단순히 모여 있는 것에 불과한 경우가 흔하다. 이러한 조직은 진정한 팀이 될 기회를 가져보지 못한다.

과연 직장에서 말하는 조직은 무엇일까?

사례 1

출처: jtbc 뉴스, 2022.1.31. 문상혁 기자.

팀워크는 선수들과 함께 쇼트트랙 계주에서 어떤 스포츠보다 중요합니다. 한국 여자 쇼트트랙 대표팀이 선수들의 바통을 제대로 잡고 넘어야 하는 계주 경기에서 기적 같은 질주를 펼쳤습니다. 우리 선수들은 막내 이○○이 방망이를 잡기도 전에 넘어지는 쇼트트랙 강자답게 장타력을 과시했습니다. 다른 나라 선수들과 반 바퀴를 돌고도 국가대표 심○○는 침착함을 잃지 않고 쓰러진 이○○에게 달려들어 곧바로 지휘봉을 만졌습니다. 그때 빛을 볼 수 있는 훌륭한 팀워크.

이후 점차 격차를 좁혀가던 중국 선수들이 일어서며 경기 막판까지 기선을 제압하며 전 세계를 충격에 빠뜨렸습니다. 결승에 진출한 한국 쇼트트랙 대표팀이 마지막 날 열린 여자 쇼트트랙 계주 결승에서 마침내 금메달을 목에 걸었습니다. 지금까지 우리 선수들은 팽팽한 팀워크로 힘든 훈련을 이겨냈습니다.

올림픽을 앞두고 한국 여자 쇼트트랙 대표팀이 다른 선수들의 노골적인 반칙이나 우리 선수들의 실수에 어떻게 대처해야 할지 고민에 빠졌습니다. 단체는 서로의 의지와 도전을 이겨내고 우승할 수 있는 좋은 감각을 갖고 있습니다. 올림픽을 앞두고 한국 여자 쇼트트랙 대표팀이 다른 선수들의 노골적인 반칙이나 우리 선수들의 실수에 어떻게 대처해야 할지 고민에 빠졌습니다.

단체는 서로의 의지와 도전을 이겨내고 우승할 수 있는 좋은 감각을 갖고 있습니다. 소치 동계 올림픽에서 유럽 강호들을 연달아 꺾고 남자 대표팀을 꺾고 값진 은메달로 세계를 놀라게 했습니다. 그들은 숨이 차고 밀고 당기는 많은 사람들에게 깊은 이산을 받았습니다. 메달 없이 끝날 수도 있는 남자 스피드스케이팅 대표팀에 은메달은 금메달보다 값진 것이었습니다. 이○○은 "개인적인 기량이 별로 좋지 않지만 팀으로 뭉치면 세계 어느 팀도 밀리지 않을 것"이라고 자신했습니다.

출처: https://blog.naver.com/questionnaire9006/222674872221

활동 1 팀워크와 응집력의 차이에 대해서 각자의 생각을 적어보시오.

팀워크	응집력

1) 팀워크의 개념

현대 사회와 같이 복잡성과 다양성이 혼재하는 사회 환경에서 조직은 개인보다 팀의 성과 산출에 유연한 팀을 선호한다. 이것은 팀이 개인보다 급변하는 환경에 효과적으로 대처할 수 있으며 높은 성과를 내는 경향이 있기 때문이다. 따라서 조직에서 높은 성과의 팀을 창조하고 지속시키는 일은 매우 중요하다. 팀의 효과적인 운영은 조직이 생존에 급급한지 아니면 여유롭게 번영을 추구할 것인지에 결정적인 역할을 한다. 이때 모든 구성원이 그 조직의 주인이라는 생각을 가지고 사고하며 결정을 내리는 것은 매우 중요한 요건이다. 구성원 각자의 역할에 따라 긍정적인 효과를 창출해 낼 수 있다.

그러나 팀워크의 정의는 학자에 따라 매우 다양하게 정의되고 있다. 해처와 로스(Hatcher & Ross, 1991)는 팀의 합의된 목표를 달성하기 위하여 구성원들이 상호작용하고 협업하는 데 필요한 인지, 태도, 행동으로 정의하고 있다. 다시 말하면 조직 구성원이 조직공동의 목표를 달성하기 위하여 각각의 역할에 따라 책임을 다하고 협력적으로 행동하는 것이라고 한다(윤정헌, 2001). 레가트(Leggat, 2007)는 원활한 팀 활동의 수행에 필요한 팀워크 역량은 팀 구성원이 공통의 목적을 달성하기 위해 각자의 역할에 따라 책임을 지고 협력하여 행동하는 역량이다. 이러한 정의들을 종합해 보면 팀워크란 팀 목표를 효율적으로 달성하기 위해 팀원들 간의 상호작용을 통한 협력적 관계를 유지하고 발전시켜 나가는 일련의 과정이다.

$$\text{Teamwork} = \text{Team} + \text{Work}$$

팀워크의 정의는 팀(team)과 일(work)이라는 키워드를 지니고 있다. 팀워크와 비슷한 단어를 가지고 있는 응집력과는 어떤 차이가 있는가?

먼저, 응집력은 "사람들로 하여금 집단에 머물도록 만들고, 그 집단의 멤버로서 계속 남아 있기를 원하게 만드는 힘"이라 할 수 있다. 즉, 팀워크와 응집력의 차이는 팀이 성과는 내지 못하면서 분위기만 좋은 것을 응집력이 좋다고 말한다. 단순히 모이는 것을 중요시하는 것이 아니라 목표달성의 의지를 가지고 성과를 내는 것이 바로 팀워크이다.

구분	내용
팀워크	팀 구성원이 공동의 목적을 달성하기 위해 상호 관계성을 가지고 협력하여 일을 해나가는 것
응집력	사람들로 하여금 집단에 머물도록 만들고, 그 집단의 멤버로서 계속 남아 있기를 원하게 만드는 힘

출처: 한국산업인력공단(2016). 대인관계능력 학습자용 워크북.

팀워크 유형은 보통 세 가지 기제, 즉 협력, 통제, 자율을 통해 구분되는데, 조직이나 팀의 목적 그리고 추구하는 사업 분야에 따라 서로 다른 유형의 팀워크를 필요로 한다.

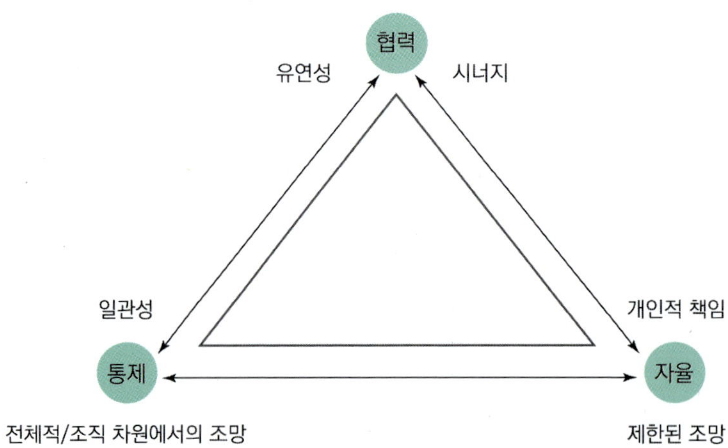

출처: 이영희 외(2017). 대인관계능력.

2) 팀워크의 필요성

급변하는 교육 · 경영 · 직무 · 사회 · 문화 등의 환경에 따라 구성원 간의 지식 및 정보 공유, 무엇보다 협력과 팀워크가 더욱 중요해졌다. 현대사회에서 신속한 의사결정과 인력운용의 효율성을 높이기 위해 기존의 국 · 과 단위의 조직을 업무 프로세스 중심의 팀조직으로 전환하는 실정이다. 기존의 국 · 과 단위의 조직은 운영 권한이 상류층 위주였기 때문에 현실적응력이 낮고 업무의 효율성과는 무관한 인력배치로 인해 비현실적이고 소모적이었다. 그에 비해 팀조직 상부중심의 의사결정 체계가 다소 축소되었으며 신속한 의사결정이 가능하도록 팀에 권한이 부여되어 상황적인 대처능력이 높아졌다. 윤수경(2007)은 이러한 팀의 필요성을 아래와 같이 정리하고 있다.

첫째, 기존의 전통적인 조직구조는 상부에 결재하는 체계가 너무 많아 시간적으로 소모적이었으나 팀조직은 담당자와 팀장의 결정으로 종료되는 장점이 있다.

둘째, 다단계 계층으로 구성된 전통적인 조직구조에서는 의사소통과 상호협조가 자연스럽게 이루어질 수 없다. 이를 원활하게 만들어주기 위해서는 조직의 평면화가 이루어져야 한다.

셋째, 인력구성이 소수로도 가능하다. 팀조직에서는 업무의 배분과 역할분담이 매우 탄력적으로 구성되어 있으므로 개인의 업무는 확대되고 이를 위해 개인은 스스로 자기계발에 전념하여 결국은 소수만이 생존할 수 있는 구조이다.

넷째, 인력의 활성화가 가능하다. 팀조직에서는 누구나 실무자이며 전문가이므로 직위와 관계없이 능력 위주의 채용이 이루어질 수 있으며, 상위직급의 팀원은 자신의 전문성을 발휘할 수 있으며, 하위직급의 실무자들은 상호교류를 통해 전문성을 전수받을 수 있게 된다.

다섯째, 인력활용의 유연성을 확보할 수 있다. 오늘날 고객의 수요가 매우 다양해져 표준화된 서비스는 종식되었다. 그렇다고 고객의 수요가 변할 때마다 조직을 통째로 변화시키기에는 너무나 소모적이다. 하지만 팀조직은 인력이 탄력적 운영이 가능하므로 조직의 변화 없이 수요에 응대할 수 있다.

여섯째, 부서 이기주의를 최소화할 수 있다. 팀은 전통적인 하나의 부서라기보다 업무처리단위이기 때문에 유동성이 크므로 개인 간 또는 부서 간의 벽이 훨씬 더 낮다.

일곱째, 전문가 육성이 가능하다. 팀조직에서는 직급에 관계없이 그 분야의 전문가가 될 수 있고 팀조직 자체가 일 중심으로 조직되었으므로 자기 적성을 찾으라는 제언이 가능하다.

여덟째, 다양화가 가능하다. 각기 다른 재능과 역량을 가진 사람들에게 획일적으로 똑같은 일만 시킨다면 매우 비효율적인 처사일 것이다. 그러므로 팀조직에서는 당사자의 요구와 적성을 고려한 인사관리 방식으로 효율성을 높이고 담당자들의 다양성도 존중해 줄 수 있다.

아홉째, 팀제가 필요하다. 현장과 밀접한 연관이 있는 정보, 예를 들어 고객의 요구에 적합하게 얼마나 신속하게 응대했으나 등의 정보가 현장에서 입수되고 이에 따라 인사관리의 의사결정이 신속하게 이루어질 수 있다는 점에서 팀조직을 통한 현장밀착관리가 요구되며, 재량권이 주어진 팀제가 필요한 것이다.

또한 훌륭한 팀워크를 만들기 위해 구성원들이 갖추어야 할 기본요소는 다음과 같다(권성민 외, 2017).

가. 팀원 간에 공동의 목표의식과 강한 도전의식을 가진다.

나. 팀원 간에 상호 신뢰하고 존중한다.

다. 서로 협력하면서 각자의 역할과 책임을 다한다.

라. 솔직한 대화로 서로를 이해한다.

마. 강한 자신감으로 상대방의 사기를 드높인다.

팀워크는 팀 구성원들이 공동의 목적을 달성하기 위해 각자가 맡은 역할에 따라 서로 협력적으로 행동하는 것을 말하는데, 이러한 팀워크를 저해하는 요소는 다음과 같다(이영희 외, 2010).

가. 조직에 대한 이해 부족

나. 자기중심적인 이기주의

다. '내가'라는 자아의식의 과잉

라. 질투나 시기로 인한 파벌주의

마. 그릇된 우정과 인정

바. 사고방식의 차이에 대한 무시

INTERPERSONAL COMPETENCY

02 효과적인 팀의 특성

효과적인 팀이란 팀 에너지를 최대로 활용하여 고성과를 내는 팀이다. 팀원들의 강점을 잘 인식하여 이들의 강점을 잘 활용하고 팀 목표를 달성할 수 있다는 자신감을 가지고 있어야 한다. 또한 효과적인 팀은 업무 지원과 피드백, 동기부여를 위해 구성원들이 서로 의존하는 팀이다. 한마디로 말해서 효과적인 팀은 다른 팀들보다 응집력도 뛰어나다.

그렇다면 효과적인 팀은 공통적으로 어떤 핵심적인 특징을 가지고 있는가? 효과적인 팀의 핵심적인 특징은 다음과 같다(한국사업인력공단, 2016, 대인관계능력 학습자용 워크북).

1) 팀의 사명과 목표를 명확하게 기술한다

팀은 명확하게 기술된 목적과 목표를 가질 필요가 있다. 이는 지금 당장 해야 할 일을 이해할 뿐만 아니라 팀이 전체적으로 초점을 맞추고 있는 부분을 이해하는 것이다. 목표와 목적을 공유하면, 팀원들은 팀에 헌신하게 된다. 따라서 효과적인 팀의 리더는 팀의 목표를 규정하는 데 모든 팀원을 참여시킨다.

2) 창조적으로 운영된다

실험정신과 창조력은 효과적인 팀의 중요한 지표이다. 이러한 팀은 서로 다른 업무수행 방식을 시도해 봄으로써 의도적인 모험을 강행한다. 실패를 두려워하지 않으며, 새로운 프로세스나 방법을 실행할 수 있는 기회를 추구한다. 또한 효과적인 팀은 문제를 다루거나 결정을 내릴 때 유연하고 창조적으로 행동한다.

3) 결과에 초점을 맞춘다

필요할 때 필요한 것을 만들어내는 능력은 효과적인 팀의 진성한 기준이 된다. 효과적인 팀은 개별 팀원의 노력을 단순히 합친 것 이상의 결과를 성취하는 능력을 갖추고 있다. 이러한 팀의 구성원들은 지속적으로 시간, 비용 및 품질 기준을 충족시켜 준다. "최적 생산성"은 바로 팀원 모두가 공유하는 목표이다.

4) 역할과 책임을 명료화시킨다

효과적인 팀은 모든 팀원의 역할과 책임을 명확하기 규정한다. 팀원 각자는 자신에게서 기대되는 바가 무엇인지를 잘 알고 있으며, 동료 팀원의 역할도 잘 이해하고 있다. 효과적인 팀은 변화하는 요구와 목표 그리고 첨단 기술에 뒤처지지 않도록 역할에 책임을 새롭게 수정한다.

5) 조직화가 잘 되어 있다

효과적인 팀은 출발에서부터 규약, 절차, 방침을 명확하게 규정한다. 잘 짜인 구조를 가진 팀은 자체적으로 해결해야 하는 모든 업무과제의 요구에 부응할 수 있다.

6) 개인의 강점을 활용한다

스포츠팀의 코치는 운동선수가 지닌 역량을 끊임없이 파악한다. 이와 마찬가지로, 효과적인 팀의 리더는 팀이 지닌 지식, 역량 및 재능을 정기적으로 파악한다. 팀의 리더는 팀 구성원의 강점과 약점을 잘 파악하며, 팀원 개개인의 능력을 효율적으로 활용한다.

7) 리더십 역량을 공유하며 구성원 상호 간에 지원을 아끼지 않는다

효과적인 팀은 팀원 간에 리더십 역할을 공유한다. 이런 한 팀은 모든 팀원에게 각각 리더로서 능력을 발휘할 기회를 제공한다. 또한, 팀의 공식 리더가 팀 노력을 지원하고 팀원 개개인의 특성을 존중하기 때문에 팀원들은 감독자의 역할을 충분히 이해할 수 있다.

8) 팀 풍토를 발전시킨다

효과적인 팀의 구성원들은 높은 참여도와 집단 에너지(즉, 시너지)를 갖고서 열정적으로 함께 일는다. 팀원들은 협력하여 일하는 것이 더욱 생산적이라고 느끼며 팀 활동이 흥미와 원기를 회복시킨다고 본다. 이러한 팀은 고유한 성격을 더욱 발전시켜 나간다.

9) 의견의 불일치를 건설적으로 해결한다

어떤 팀에서든 의견의 불일치는 발생한다. 그러나 논쟁은 나쁘거나 파괴적이지마는 않다. 효과적인 팀은 갈등이 발생할 때 이를 개방적으로 다룬다. 팀원은 갈등의 존재를 인정하며, 상호신뢰를 바탕으로 솔직하게 토의를 함으로써 갈등을 해결한다.

10) 개방적으로 의사소통한다

효과적인 팀의 구성원들은 서로 직접적이고 솔직하게 대화한다. 팀원 각자는 상대방으로부터 조언을 구하고, 상대의 말을 충분히 고려하며, 아이디어를 적극적으로 활용한다.

11) 객관적인 결정을 내린다

효과적인 팀은 문제를 해결하고 의사결정을 하는 데 있어 잘 정리되고 전향적인 접근방식을 가지고 있다. 결정은 합의를 통해 이루어진다. 따라서 모든 사람들은 내려진 결정을 준수하고 기꺼이 이를 지원하고자 한다. 팀원들은 어떠한 결정에 대해서든 각자의 생각을 자유롭게 개진한다. 이를 통해 결정을 명확하게 이해하고 수용하며, 상황별 대응계획(예비계획)을 마련한다.

12) 팀 자체의 효과성을 평가한다

팀은 자체의 운영방식에 대해 일상적으로 점검할 필요가 있다. '지속적인 개선'과 '전향적 관리'는 효과적인 팀의 운영관리이다. 따라서 만약 업무수행에 문제가 발생하더라도 심각한 상태가 되기 전에 해결할 수 있다.

높은 성과를 이루는 팀은 그것을 갑자기 이룬 것이 아니다. 모든 팀원들이 소속감을 느낄 수 있는 효율적인 팀으로 발전하기 위해서는 시간과 단계가 필요하다.

팀의 발전과정은 형성기, 격동기, 규범기, 성취기의 네 단계로 이루어진다

(Bruce Tuckman). 이 단계들을 알면 팀 운영과정에서 야기되는 문제를 이해하고 어려운 역경을 효과적으로 해결해나가는 데 도움이 된다(조은경 역, 2007).

(1) 1단계 : 형성기(forming)

먼저, 형성기 단계에서 팀원들은 안전하고 예측할 수 있는 행동에 대한 안내와 지침이 필요하기 때문에 리더에게 상당히 의지한다. 팀원들을 팀에서 인정받기를 원하며, 다른 팀원들을 신뢰할 수 있는지 확인하고 싶어 한다. 그들은 팀에 대한 기대를 형성하면서 팀원들 사이의 유사성과 논쟁을 피하기 위해 단순하게 유지되며, 심각한 주제들과 생각들에 대한 논의는 회피된다. 팀원들은 서로에게뿐만 아니라 과제에 몰두하기 위해 노력한다. 논의는 주로 과제의 범위를 정하고, 그것에 접근하는 방법에 집중하여 이루어진다.

여기서 다음 단계로 성장하기 위해 팀원들은 비위협적인 주제에 안주할 생각을 접고 마찰의 가능성을 각오해야 한다.

(2) 2단계 : 격동기(storming)

격동기 단계의 특징은 경쟁과 마찰이다. 팀원들이 과제를 수행하기 위해 체계를 갖추게 되면서 필연적으로 마찰이 일어난다. 개인은 그룹의 기준과 기대에 맞추기 위해 고집을 꺾고, 그들의 아이디어, 태도, 감정, 믿음이 어우러지게 해야 한다. 팀원 간의 마찰이 그룹의 문제로 표면화될 수 있고 아닐 수도 있지만, 그것은 존재하기 마련이다. 어떤 일에 대한 책임을 누가 질 것인지, 규칙은 무엇인지, 보상체계는 어떠한지, 그리고 평가기준은 어떻게 되는지에 대한 질문들이 제기될 것이다. 따라서 리더십, 구조, 권한, 권위에 대한 문제 전반에 걸쳐서 경쟁심과 적대감이 나타난다.

다음 단계로 전진하기 위해 팀원들은 시험과 검증의 자세에서 문제해결의 자세로 바꿀 수 있는 길을 찾아야 한다. 그렇게 될 수 있도록 돕는 가장 효과적인 도구는 효과적으로 경청하고 의사소통을 할 수 있는 능력이다.

(3) 3단계 : 규범기(norming)

규범기 단계에 이르면 인간관계에 더욱 응집력이 생긴다. 팀원 전체의 기여에 대해 더 잘 이해하고 인정한다. 공동체 형성과 팀의 문제해결에 더욱 집중한다. 다른 팀원들과 의견이 엇갈릴 때는 개인적인 사심 또는 고집을 버리고 적극적으로 논의하며, 리더십이 공유되고 파벌이 사라지기 시작한다. 팀원들이 서로를 알게 되고 파악하기 시작하면 신뢰수준이 향상되고, 이는 단결력을 심화시켜 준다. 팀원들은 상호 간의 마찰을 해결함에서 얻는 만족감과 공동체 의식을 경험하기 시작한다.

이 단계에서도 가장 중요한 기능은 팀원 간의 의사소통이다. 솔직하게 감정과 생각을 나누고, 서로 간에 피드백을 주고 요청하며, 과제와 관련된 대처사항들을 체계적으로 조사하기 시작하면서 창의력과 생산성이 왕성해진다. 솔직한 의사소통과 응집력이 이루어지는 이 단계에 이르면, 팀원들은 팀의 일부라는 것에 대해 만족해한다.

(4) 4단계 : 성취기(performing)

모든 팀들이 성취기에 이르는 것은 아니다. 팀원들이 이 지점으로 전진하기 위해 그들의 역량과 인간관계의 깊이를 확장함으로써 진정한 상호의존성을 달성할 수 있어야 한다. 동등한 효율성을 발휘하는 팀 또는 총체적인 단위로서 독립적으로 일할 수 있도록 말이다. 그들의 역할과 권한들이 팀과 팀원 개개인들의 변화 욕구에 역동적으로 따라주어야 한다. 이것이 가장 생산적인 팀의 모습이 될 것이다.

팀원들이 스스로 책임을 지게 되고, 전체의 인정을 받으려는 욕구는 더 이상 중요하게 생각되지 않는다. 팀원들은 상당히 과제지향적으로 인간지향적인 관계로 조화를 이루어 사기 충전을 하고 팀원으로서의 충성심을 보여준다. 전체적인 목표는 문제해결과 일을 통한 생산성이며, 이는 팀이 이룰 수 있는 최적의 단계로 이끌어진다.

활동 2 효과적인 팀의 특성

❖ 다음의 문항에 대해 여러분의 팀을 평가해보시오(아직 팀을 구축하지 않았다면, 과거에 몸담았던 팀을 평가하시오). 효과적인 팀의 특징과 관련하여 당신의 팀을 7점 척도상에서 평가하세요. 7점은 당신의 팀이 매우 뛰어남을, 1점은 여러분의 팀이 매우 부족한 상태임을 의미한다.

1. 나의 팀의 특징(아직 팀이 없다면, 과거 경험한 팀을 평가)

2. 팀에서 수행한 역할(아직 팀이 없다면, 과거 경험한 팀을 평가)

3. 팀활동에 가장 기억에 남은 일(아직 팀이 없다면, 과거 경험한 팀을 평가)

활동 3 효과적인 팀의 특성

효과적인 팀을 구축하기 위해서 먼저 자기 팀의 현재 상태를 파악하는 일이 필요하다. 다음에 제시된 체크리스트에 따라 현재 자신이 속한 팀의 현상을 평가해보고, 팀워크를 향상시키기 위해 자신이 할 수 있는 일에 대해 생각해보자. 아직 팀을 구축하지 않았다면, 과거에 몸담았던 팀 혹은 현재 재학 중인 학과를 평가하시오. 효과적인 팀의 특징과 관련하여 여러분의 팀을 7점 척도상에서 평가하시오. 7점은 여러분의 팀이 매우 뛰어남을, 1점은 여러분의 팀이 매우 부족한 상태임을 의미한다.

❖ 팀 상태 체크리스트

문항	매우 부족			보통			매우 우수
1. 팀의 사명과 목표가 명확하다.	1	2	3	4	5	6	7
2. 창조적으로 운영된다.	1	2	3	4	5	6	7
3. 결과에 초점을 맞춘다.	1	2	3	4	5	6	7
4. 역할과 책임을 명료화시킨다.	1	2	3	4	5	6	7
5. 조직화가 잘 되어 있다.	1	2	3	4	5	6	7
6. 개인의 강점을 활용한다.	1	2	3	4	5	6	7
7. 리더십 역할을 공유하며 구성원 상호 간에 지원을 아끼지 않는다.	1	2	3	4	5	6	7
8. 팀 풍토를 발전시킨다.	1	2	3	4	5	6	7
9. 의견의 불일치를 건설적으로 해결한다.	1	2	3	4	5	6	7
10. 개방적으로 의사소통한다.	1	2	3	4	5	6	7
11. 객관적으로 결정을 내린다.	1	2	3	4	5	6	7
12. 팀 자체의 효과성을 평가한다.	1	2	3	4	5	6	7

❖ 채점 및 해석

점수 구분	학습모듈
75~84	축하할 만한 일이다. 당신의 팀은 거의 최고의 수행수준에 도달해 있다. 이처럼 높은 수준의 팀을 계속 유지하는 것이 당신의 목표가 될 것이다.
65~74	꽤 훌륭하다. 개선의 여지가 있기는 하지만 여러분의 팀은 바람직한 상태가 있다.
55~64	여러분의 팀은 문제를 가지고 있다. 그중 어떤 문제들은 심각하다. 문제해결을 위해서 가장 점수가 낮은 특징을 개선하는 데 중점을 둘 필요가 있다.
54 이하	팀원들은 팀의 일원으로 기능을 하지 못하고 있다. 여러분의 팀은 팀빌딩을 기초부터 시작할 필요가 있다.

출처: 한국산업인력공단(2016). 대인관계능력 학습자용 워크북.

활동 4 죠리퐁 게임을 준비하기 전, 당신의 팀과 관련하여 다음 사항을 논의해 보시오.

❖ 팀의 강점은 무엇인가? 어떤 전략을 가지고 죠리퐁 게임에 임할 것인가?

1. 규칙 만들기:

2. 어떤 마음가짐으로 게임에 임할 것인가?

❖ 죠리퐁 게임 후 팀의 개선영역은 무엇인가? 어떻게 하면 효과적으로 팀워크를 개선시킬 수 있을 것인가?

활동 5 보다 활력에 찬 팀을 만들기 위해 당신은 어떤 아이디어를 가지고 있습니까?

03 팀워크의 멤버십 및 팔로워십

조직 문화는 상사, 부하, 동료들 간의 역할과 관계를 기반으로 구축된다. 이는 리더십(Leadership), 팔로워십(Followership), 펠로우십(Fellowship)과 같은 개념들이 결정적으로 작용한다. 이 개념은 조직 내에서 역할 분배와 상호작용의 패턴을 정립하여 조직 문화의 형성에 큰 영향을 미친다. 이들은 '자격이나 권리'보다 '태도나 정신'으로 해석하는 것이 더 자연스럽다. 따라서 리더십과 멤버십은 상호보완적이며 필수적인 관계이다. 역량 좋은 리더가 자기 역할을 못 하는 멤버를 만난 경우, 좋은 리더가 되지 못할 수도 있고, 나쁜 리더가 자기 역할을 잘 수행하는 멤버를 만난 경우, 나쁜 리더가 좋은 리더가 될 수 있음을 상기하여야 한다. 결국 어떤 리더를 만나더라도 멤버로서 해야 할 역할을 정확히 인식하는 것이 중요하다.

두 역할 모두가 성공을 거둘 수도 있지만 실패를 할 수도 있다. 조직이 성공을 거두려면 양자가 최고의 역량을 발휘해야만 한다. 즉, 성공한 조직에는 리더로서의 역량을 잘 발휘하는 탁월한 리더와 멤버로서의 역량을 발휘하는 탁월한 멤버 둘 다 있어야 한다.

활동 6 여러분이 생각하는 멤버십에 대해 작성해 보시오.

멤버십이라고 하면 우리는 통신사, 백화점, 상품판매처 등에서 가입자에게 제공하는 '혜택' 회원 등급 같은 '자격'을 먼저 떠올리게 된다. 여기에는 고객들의 혜택이나 자격만 제공하는 것처럼 보이지만, 그 바탕에는 고객이 브랜드에 대한 충성심을 갖게 되리라는 기대와 믿음이 깔려있다. 결국 고객이 브랜드에 대해 어떤 태도나 정신, 즉 멤버십을 갖도록 하는 것이 주목적이다. 따라서 멤버십은 조직의 구성원으로서 자격과 지위를 갖는 것을 말하며 훌륭한 멤버십은 팔로워십(Followership)의 역할을 충실하게 수행하는 것이다. 결국 멤버십과 팔로워십(Followership)은 같은 개념으로 볼 수 있는데 결과적으로 리더를 잘 따르는 것이다. 리더를 잘 따르는 것에는 단지 그냥 순종적인 능력을 원하는 것이 아니라 헌신, 전문성, 용기, 정직하고 현명한 평가 능력이 있어야 한다. 또한 따르는 자는 융화력, 겸손함이 있어야 하며 리더의 결점이 보일지라도 덮어 주는 아량이 있어야 한다. 따르는 자들의 능력과 태도, 정신 등이 제대로 서 있는 집단만이 성공적인 조직을 만들 수 있다. 미국에서 실시한 여론조사에 의하면 리더에게 가장 원하는 것은 정직, 비전과 강화력, 추진력인 데 비하여, 따르는 자들에게 가장 원하는 것은 정직, 나의 부족함을 보충해주는 포용력, 성실, 협동심 등이었다.

활동 7 그렇다면 리더십 유형이 아닌 멤버로서 자신의 멤버십에 대해 생각해보시오. 다음의 질문에 대해 자신에게 해당한다고 생각하는 것에 체크해보시오.

문항	매우 부족			보통			매우 우수
1. 당신의 일은 자신에게 중요한 그 어떤 사회적 목표나 개인적인 꿈을 성취하는 데 도움이 되는가?	1	2	3	4	5	6	7
2. 당신 개인의 업무목표가 조직의 최고목표와 일치하는가?	1	2	3	4	5	6	7
3. 당신은 최선의 아이디어와 능력을 일과 조직에 쏟아붓고 지극히 헌신적이며 정력적으로 일하는가?	1	2	3	4	5	6	7
4. 당신의 열의가 확산되어 동료 직원들을 활기차게 만드는가?	1	2	3	4	5	6	7
5. 리더의 지시를 기다리거나 떠맡지 않고 조직에 가장 중요한 목표를 성취하기 위해 무엇이 중요한 활동인지를 자신이 판단하는가?	1	2	3	4	5	6	7
6. 리더와 조직에 더욱 가치 있는 사람이 되기 위해서 당신은 독특한 능력을 적극적으로 발휘하는가?	1	2	3	4	5	6	7
7. 새로운 일이나 임무가 시작되었을 때, 리더가 중요한 의미라고 생각하는 부분에서 곧바로 공적을 세우는가?	1	2	3	4	5	6	7
8. 당신이 부족한 점을 채울 것이라는 점을 믿고, 리더는 어려운 임무를 당신에게 맡기는가?	1	2	3	4	5	6	7
9. 당신은 자신의 업무범위를 벗어나는 일도 찾아내서 성공적으로 완수하기 위해 솔선수범하는가?	1	2	3	4	5	6	7
10. 리더의 부재 시에도 맡은 일보다 많은 일을 하고 능력껏 일하는가?	1	2	3	4	5	6	7

문항	매우 부족			보통			매우 우수
11. 리더나 조직의 목표에 크게 공헌할 수 있는 새로운 아이디어를 독자적으로 고안해서 적극적으로 제기하는가?	1	2	3	4	5	6	7
12. 리더에게 의존해서 어려운 문제를 해결하기보다는 스스로 해결하려 하는가?	1	2	3	4	5	6	7
13. 자시는 아무런 인정을 받지 못할 때라도 다른 동료들이 좋은 평가를 받도록 돕는가?	1	2	3	4	5	6	7
14. 필요한 경우 일부러 반대의견을 개진해서라도 리더와 팀이 실패의 위험성을 볼 수 있도록 돕는가?	1	2	3	4	5	6	7
15. 리더의 요구나 목표 제약을 이해하고 그것을 충족시키기 위해서 열심히 일하는가?	1	2	3	4	5	6	7
16. 자신에 대한 평가를 미루기보다는 장점과 약점을 적극적이고 솔직하게 인정하는가?	1	2	3	4	5	6	7
17. 단지 지시받은 일을 하는 것에서 탈피하여 리더가 내린 판단이 얼마나 현명한가를 스스로 평가해보는 습관이 있는가?	1	2	3	4	5	6	7
18. 리더가 전문분야나 개인적인 흥미에 정면으로 배치되는 일을 줄 때 'NO'라고 하는가?	1	2	3	4	5	6	7
19. 리더나 팀의 기준이 아니라 자신의 윤리적 기준에 따라 행동하는가?	1	2	3	4	5	6	7
20. 당신이 속한 집단과 의견이 다르거나 리더로부터 질책을 당한다고 해도 당신은 중요한 이슈에 대해서 자기견해를 주장하는가?	1	2	3	4	5	6	7

❖ 멤버십 진단결과를 작성해 보고, 멤버십 유형을 체크해보시오.

A	점수	B	점수
1		2	
5		3	
11		4	
12		6	
14		7	
16		8	
17		9	
18		10	
19		13	
20		15	
총점		총점	

❖ A와 B의 총점을 표시해 보시오.

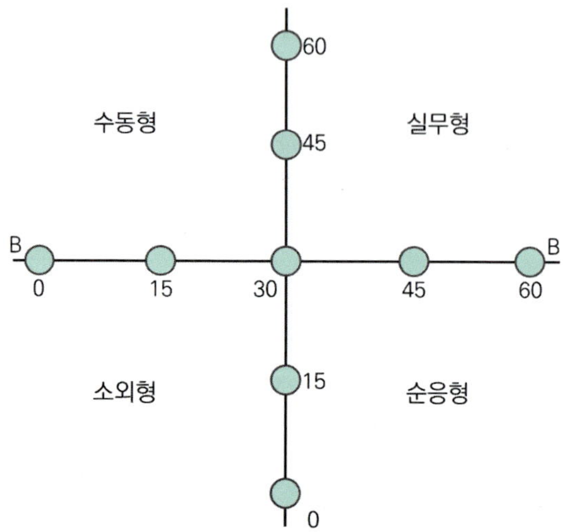

출처: 한국산업인력공단(2016). 대인관계능력 학습자용 워크북.

위의 표에서 보는 바와 같이 멤버십 유형을 나누는 두 가지 축은 마인드를 나타내는 독립적 사고 축과 행동을 나타내는 적극적 실천 축으로 나누어진다. 이에 따라 멤버십 유형은 소외형, 순응형, 실무형, 수동형 등으로 구분할 수 있으며, 각각의 특징은 다음과 같다.

구분	소외형	순응형	실무형	수동형	주도형
자아상	• 자립적인 사람 • 일부러 반대 의견 제시 • 조직의 양심	• 기쁜 마음으로 과업수행 • 팀 플레이어를 함 • 리더나 조직을 믿고 헌신함	• 조직의 운영방침에 민감 • 사건을 균형 잡힌 시각으로 봄 • 규정과 규칙에 따라 행동함	• 판단, 사고를 리더에 의존 • 지시가 있어야 행동	!!
동료/리더의 시각	• 냉소적 • 부정적 • 고집이 셈	• 아이디어가 없음 • 인기 없는 일은 하지 않음 • 조직을 위해 자신과 가족의 요구를 양보함	• 개인의 이익을 극대화하기 위한 흥정에 능함 • 적당한 열의와 평범한 수단으로 업무수행	• 하는 일이 없음 • 제 몫을 하지 못함 • 업무 수행에는 감독이 반드시 필요	
조직에 대한 자신의 느낌	• 지신을 인정 안 해줌 • 적절한 보상이 없음 • 불공정하고 문제가 있음	• 기존 질서를 따르는 것이 중요 • 리더의 의견을 거스르는 것은 어려운 일임 • 획일적인 태도 행동에 익숙함	• 규정준수를 강조 • 명령과 계획의 빈번한 변경 • 리더와 부하 간의 비인간적 풍토	• 조직이 나의 아이디어를 원치 않음 • 노력과 공헌을 해도 아무 소용이 없음 • 리더는 항상 자기 마음대로 함	

소외형, 순응형, 실무형, 수동형 이외에 별도로 주도형은 대부분의 조직에서 추구하는 유형이라고 할 수 있다. 주도형은 모범형이라고도 하며, 조직과 팀의 목적 달성을 위해 독립·혁신적으로 사고하고, 역할을 적극적으로 실천하는 사람이다.

주도형 멤버가 가지는 특성을 두 가지 측면에서 설명하면 다음과 같다.

첫째, 독립·혁신적 사고 측면에서 스스로 생각하고 건설적 비판을 하며, 자기 나름의 개성이 있고 혁신적이며 창조적인 특성을 가진다.

둘째, 적극적 참여와 실천 측면에서 솔선수범하고 주인 의식을 가지고 자발적이며 기대 이상의 성과를 내려고 노력하는 특성을 가진다.

04 효과적인 팀워크를 위한 실제

활동 8 최근에 공동 작업을 끝냈거나 현재 작업을 수행 중인 팀원 중 한 명을 선정하여 건설적인 피드백을 기록해보시오.

1. 팀원의 수행에 관해 관찰한 내용을 열거해 보시오.

2. 이 팀원에 대한 '피드백 요약'을 준비하여 말할 내용을 객관적으로 열거해 보시오.

출처: 한국산업인력공단(2016). 대인관계능력 학습자용 워크북.

활동 9 다음의 이야기를 읽고 갈등해결 방법에 대하여 생각해보시오.

여러분의 동료 팀원인 B가 당신 자리로 와서 느닷없이 다른 팀원인 C에 대해 불평을 터뜨리기 시작했다. "더 이상 참을 수 없어! C는 아무것도 제대로 해내지 못해. 그에게 보고서를 요청했는데, 엉뚱한 것을 건네주었단 말이야! 그리고 나서는 뻔뻔스럽게도 잃어버렸다고 말하는 것이 아니겠어! 어찌해야 할지 모르겠어."

❖ B와 C 사이의 갈등을 어떻게 해결할 것인지 작성해 보시오.

출처: 한국산업인력공단(2016). 대인관계능력 학습자용 워크북.

팀에 불평불만이 생기면 팀워크를 강화하기 위한 노력이 필요하다. 팀의 구성원과 리더 사이의 갈등은 팀원들 사이의 알력에 의해 나타난다. 팀 리더와의 갈등은 종종 과잉동조와 리더에 대한 저항, 독재적인 리더십 스타일, 신뢰의 결여로 이어진다. 또 팀원들 사이의 문제는 종종 언쟁, 신뢰의 결여, 성격적 갈등, 의견 불일치, 파벌, 과업 미완성 등으로 이어진다.

조직에서 팀에 문제가 생기면 팀원들이 팀 프로세스 때문이라고 인정하지 않고 개인들을 탓하려 들 수도 있다. 문제의 탓을 개인에게 돌리게 되면 팀의 갈등과 혼동이 부여된다. 팀 내의 갈등과 혼동은 분명히 팀의 책임이며, 팀워크 강화 및 촉진을 통해 해결되어야 할 문제인 것이다(이영희 외, 2017).

팀을 보다 생산적으로 만들기 위해서는 많은 노력이 필요하다. 특히 팀워크를 촉진시키는 것은 매우 중요한데, 이를 위해서는 동료 피드백 장려하기, 갈등 해결하기, 창의력 조성을 위해 협력하기, 참여적으로 의사결정하기 등이 필요하다. 자세한 내용은 다음과 같다(한국산업인력공단, 2016, 대인관계능력 학습자용 워크북).

1) 동료 피드백 장려하기

팀 목표를 달성하도록 팀원을 고무시키는 환경 조성을 위해서는 동료 피드백이 필요하다. 긍정이든 부정이든, 피드백이 없다면 팀원들은 개선을 이루거나 탁월한 성과를 내고자 하는 노력을 게을리하게 된다.

다음은 동료 피드백을 장려하는 데 도움이 되는 4단계 과정이다.

1단계 : 명확하고 간명한 목표와 우선순위를 설정하라
2단계 : 행동과 수행을 관찰하라
3단계 : 즉각적인 피드백을 제공하라
4단계 : 뛰어난 수행 성과에 대해 인정해 줘라

2) 갈등을 해결하기

성공적으로 운영되는 팀은 갈등 해결에 능숙하다. 효과적인 갈등 관리로 혼란과 내분을 방지하고 팀 진전과정에서의 방해 요소를 미리 없앤다. 활력에 찬 팀은 의견의 불일치를 바로바로 해소하는 방법을 배우게 된다. 그렇지 않으면, 갈등은 시간이 지남에 따라 증폭되고, 팀 풍토는 허약해질 것이다.

팀원 사이의 갈등을 발견하게 되면, 제삼자로서 재빨리 개입하여 중재하라. 갈등을 일으키고 있는 구성원과의 비공개적인 미팅을 통해, 그들 각자에게 다음과 같은 질문을 하고 의견을 교환하면 갈등 해결에 매우 도움이 될 것이다.

1. 내가 보기에 상대방이 꼭 해야 하는 행동
2. 상대방이 보기에 내가 꼭 해야 하는 행동
3. 내가 보기에 내가 꼭 해야 하는 행동
4. 상대방이 보기에 스스로 꼭 해야 하는 행동

3) 창의력 조성을 위해 협력하기

성공적인 팀워크를 위해서는 언제나 협력이 필요하다. 모든 구성원의 잠재력을 최대로 활용하는 팀은 협력의 중요성을 잘 이해하고 있다. 모든 팀원이 협력하여 일할 때 창의적인 아이디어가 넘쳐나며 이에 따라 혁신적인 발전도 이루어진다.

아이디어에 대해 아무런 제약을 가하지 않는 환경을 조성할 때 협력적인 풍토를 조성할 수 있다. 이러한 분위기 아래서는 다른 관점을 가진 다양한 아이디어들이 자유롭게 제시되고, 어느 누구도 이의를 제기하지 않는다. 이렇게 열린 분위기에서는 팀원 모두가 적극적이고 활기찬 모습을 갖게 된다.

협력을 장려하는 환경을 조성하기 위한 몇 가지 비결을 살펴보면 다음과 같다.

1. 팀원의 말에 흥미를 가지고 대하라
2. 상식에서 벗어난 아이디어에 대해 비판하지 말라
3. 모든 아이디어를 기록하라
4. 아이디어를 개발하도록 팀원을 고무시켜라
5. 많은 양의 아이디어를 요구하라
6. 침묵을 지키는 것을 존중하라
7. 관점을 바꿔 보라
8. 일상적인 일에서 벗어나 보라

4) 참여적으로 의사결정하기

의사결정을 내릴 수 있다는 것은 임파워먼트(empowerment)를 발휘한다는 것을 의미한다. 그리고 자신 있게 미래를 만들어 갈 수 있는 기회가 제공되었음을 뜻한다. 어떠한 팀에서든 의사결정은 내려지게 마련이며, 의사결정을 내리는 사람은 팀을 통제한다.

훌륭한 의사결정을 내리기 위해서는 두 가지 고려할 측면이 있다. 그 하나는 결정의 질이며, 다른 하나는 구성원의 동참이다.

(1) 의사결정의 질

양질의 의사결정은 올바른 추론에 의해 뒷받침되는 논리적인 결정이다. 양질의 의사결정을 내리기 위해서는 다음의 질문들을 고려해야 한다.

- 쟁점의 모든 측면을 다루었는가?
- 모든 팀원과 협의하였는가?
- 추가 정보나 조언을 얻기 위해 팀 외부와 협의할 필요가 있는가?

(2) 구성원 동참

모든 팀원의 지지를 받는 결정은 팀원의 동참을 이끌어낸다. 의사결정에 대해 팀원들의 찬동을 얻기 위해서는 다음의 질문을 고려해야 한다.

- 모든 팀원이 의사결정에 동의하는가?
- 팀원들은 의사결정을 실행함에 있어서 각자의 역할을 이해하고 있는가?
- 팀원들은 의사결정을 열정적으로 실행하고자 하는가?

활동 10 팀워크 촉진방법

두 개의 팀워크 게임 중 한 개를 선택하여 아래와 같은 순서에 따라 게임을 실시한 뒤에 게임 결과를 평가하고 현장에서 어떻게 적용할 수 있을지를 토의해 보시오.
팀워크 게임을 효과적으로 운영하기 위해서 다음과 같은 순서에 따라 실시한다.

① 팀의 목적에 맞는 팀워크 게임을 준비하라.
② 팀원들에게 게임에 대해 설명하라.
③ 게임을 시작하기 전에 팀원들의 이해 여부를 점검하라.
④ 게임을 실행하고 수행과정을 코치하라.
⑤ 게임을 분석·평가하고, 현장의 적용 가능성을 토의하라.

A. 일상 중 하루게임

구분	내용
활동	참가자들이 서로의 일상이 어떤지를 나누는 활동
목적	참가자들은 서로에 대해 새롭고 흥미로운 사실을 알게 되고 개인적으로 관계를 갖게 된다.
사용 시기 및 조건	• 팀원들이 서로에 대해 잘 모른다. • 상대의 도움을 받고도 감사하지 않는다.
게임방법	• 참가자들을 둘씩 짝짓게 한다. • 한 명이 자신의 일상에 대하여 이야기한다. • 듣는 파트너는 들으면 다음과 같은 두 마디만 할 수 있다. "그래서요?" 혹은 "그것에 대해 좀 더 말해 보세요!" • 5분 뒤에 역할을 바꾼다.
활동 후 평가	• 서로의 경험을 공유해보니 어떠했는가? (친밀감을 느꼈어요, 우리가 공통점이 많은 것을 알았어요, 공감이 가요 등) • 말하는 사람은 파트너에 대하여 무엇을 알았는가? • 이 활동은 우리의 일터(현장)에서 어떤 의미를 갖겠는가?
활동을 위한 팁	활동을 하는 5분 동안 마지막 1분이 남았을 때 시간을 알려준다.
준비물	없음

〈게임 A〉

1. 게임을 실시한 후에 게임 결과를 평가해보시오.

2. 이 게임이 갖는 의미와 실제 현장에서 어떻게 적용할 수 있는지 토의해 보시오.

출처: 권석민 외(2017). 효율적인 대인관계.

B. 팝콘 먹여주기 게임

구분	내용
활동	참가자들이 짝을 지어 둘 다 눈가리개를 한 채로 서로에게 스푼을 이용하여 팝콘을 먹여주는 활동
목적	참가자들은 서로 협동하는 방법을 배우고, 재미있는 방법으로 의사소통 기술을 강화시킨다.
사용 시기 및 조건	• 팀원들이 여유를 가지고 집중할 필요가 있을 때 • 팀원들이 문제를 해결하는 데 있어 창의적이지 못할 때 • 느슨해진 팀 분위기를 위해 재미와 웃음을 가질 필요가 있을 때
게임방법	• 서로 짝을 짓는다. • 눈가리개와 스푼, 팝콘을 나누어 갖는다(스푼 대신 포크 사용가능) 두 사람 모두 눈을 가린 채로 한 사람이 파트너에게 한 번에 10개의 팝콘을 스푼에 얹어 먹여 준다. • 성공하면, 역할을 바꾸어서 되풀이한다.
활동 후 평가	• 눈가리개를 착용했을 때 어떤 기분이 들었는가? (긴장됐다, 혼란스러웠다 등) • 서로 먹여주려고 했을 때 무슨 일이 발생했는가? (팝콘이 스푼에서 떨어졌어요. 스푼이 내 코를 찔렀어요 등)
활동을 위한 팁	• 팝콘 알레르기가 있는 사람은 다른 먹을거리를 요구한다. • 눈가리개를 정확히 착용한다.
준비물	• 참가자 1인당 눈가리개 1개 • 참가자 1인당 스푼 1개 • 팀당 비닐봉지 1개 • 팝콘 없음

〈게임 B〉

1. 게임을 실시한 후에 게임 결과를 평가해보시오.

2. 이 게임이 갖는 의미와 실제 현장에서 어떻게 적용할 수 있는지 토의해 보시오.

출처: 권석민(2017). 효율적인 대인관계.

05 팀워크 촉진 요소

팀워크는 자동으로 생기는 것이 아니다. 먼저 각각의 팀원이 조직의 목표를 생각하면서 팀원 간에 신뢰가 쌓여야 한다. 그리고 팀 활동에 참여해야 하며, 그 신뢰와 참여한 결과가 성과로 나와야 한다. 그러면 팀워크를 개발하기 위한 3요소인 팀원 간의 신뢰 쌓기, 참여하기, 성과 내기에 대하여 살펴보자.

1) 신뢰 쌓기

팀워크의 향상을 위해 가장 중요한 것은 팀 구성원 간의 신뢰를 쌓아가는 것이다. 신뢰가 쌓이면 조직의 업무 속도는 올라가고 비용은 내려간다. 반대로 신뢰가 쌓이지 않으면 조직의 업무 속도는 느려지고 비용은 올라간다. 조직은 슈퍼맨을 원하는 것이 아니라 진정성을 가진 팀을 원한다. 신뢰는 말로만 쌓이는 것이 아니라 진정성을 가진 행동에서 나온다.

신뢰란 인간관계 속에서 경험하게 된다. 타인이 나를 억지로 신뢰하게 할 수 없으며, 나의 노력과 행동을 통하여 신뢰가 형성될 수 있다. 만약 여러분이 신뢰를 쌓는 데 성공했다면, 상대방은 여러분을 자신의 문제해결자로 볼 것이다. 이처럼 여러분이 팀원으로부터 문제해결자로 인정받았다면, 여러분은 매사를 긍정적으로 변화시켜 나갈 수 있는 사람입니다. 신뢰를 형성하면 자기와 타인에 대해 서로 깊이 알게 되고, 타인과 대인관계를 할 때 자신감을 갖게 된다. 즉, 타인과 신뢰를 조성하는 것이야말로 팀워크와 대인관계 성공의 근본이 된다.

2) 참여하기

팀워크를 향상시키는 두 번째 요소는 팀 활동에 적극적으로 참여하는 것이다. 팀 구성원들의 목표달성을 도와주고 그들과의 신뢰를 형성하는 것이 자신의 목표를 효과적으로 달성하는 길이다. 한 개인으로서 자신의 생애에 관한 관심 못지않게 팀에 참여하여 팀의 구성원들과 협력하는 분위기를 조성하도록 노력해야 한다.

팀 구성원 간에 서로를 존중하고 협력하여 성취감을 맛보게 될 때 성숙한 팀원으로서 뿌듯한 보람을 느끼게 된다. 우리 모두 서로를 위하여 팀의 속성과 팀 개발단계에 대하여 이해하고 팀의 여러 활동에 적극 참여하도록 해야 한다.

3) 성과 내기

지금까지 우리는 타인과 신뢰를 쌓을 수 있는 방법과 팀 활동 참여의 중요성에 대하여 살펴보았다. 신뢰를 쌓고 참여하는 궁극적인 목표는 무엇일까? 그것은 결국 조직이나 팀에서 목표달성 성과로 나타난다. 포도나무에 포도가 열리지 않는다면 포도나무로서의 가치가 없는 것처럼 팀도 성과를 내지 못하면 그 존재 가치를 잃게 된다. 따라서 팀의 성과를 내기 위해서는 조직의 업무 수행방법, 조직의 목표, 행동방식 등에 대하여 잘 알고 팀워크 정신을 발휘하여야 한다.

학습성찰

이번 주 학습한 내용 중 본인의 생활에 적용 가능한 내용과 적용계획을 작성해 보시오.

평가내용	자가진단				
	1	2	3	4	5
효과적인 팀의 특성을 설명할 수 있다.					
멤버십의 의미를 설명할 수 있다.					
효과적인 팀의 특성을 설명할 수 있다.					

내용	내용
학습내용에 대해 새롭게 발견한 점	
학습내용에 대해 느낀 점	
학습 내용 중 본인의 생활에 적용 가능한 점	
적용계획 (구체적으로 작성)	
기대효과	

CHAPTER 04

리더십 능력

INTERPERSONAL COMPETENCY

세부목표

직장생활 중 조직구성원들의 업무향상에 도움을 주며 동기화시킬 수 있고, 조직의 목표 및 비전을 제시할 수 있는 능력을 기를 수 있다.

일반목표

1. 리더십의 의미와 유형을 설명할 수 있다.
2. 직장생활에서 조직구성원의 동기를 부여할 수 있는 방법을 활용할 수 있다.
3. 코칭으로 리더십 역량을 강화할 수 있는 방법을 설명할 수 있다.
4. 임파워먼트의 의미를 설명할 수 있다.

주요용어

리더십, 동기부여, 코칭, 임파워먼트, 변화관리

미리보기

진정한 리더십이란 무엇일까?

회사의 리더로서 박진영 대표의 강점은 크게 두 가지로 분석합니다. 바로 '늘 연구하는 깊이 있는 사고'와 '세심한 배려'였습니다. 박진영 대표는 여러 분야에 대해 시종일관 지식과 지혜를 발휘했으며 그의 정신이 고스란히 담겨 있는 사옥을 통해 자신의 기업가적 역량을 보였습니다. 먼저 사옥 중 프로듀서들의 작업 공간에 그가 존경하는 작곡가 이름을 붙이고 성과가 가장 좋은 7인에게 무료로 제공한다는 이야기에서 조직원들을 고무시키면서 동시에 자신의 생각을 녹여낸 공간을 제공하는 것이 굉장히 인상적이었습니다. 자신의 음악적 세계와 정신을 굳이 설명하지 않아도 작곡가들 스스로가 그것을 느낄 수 있을 것이기 때문입니다. 또한, 좋은 경쟁의 장을 만드는 방법을 활용하는 것도 그가 기업가로서 가진 역량을 잘 보여줬다고 생각합니다. 두 번째로 본인이 스스로 기업 정신과 회사에 대한 내용을 정리한 업무 매뉴얼입니다. CEO는 공동의 가치를 만드는 사람입니다. 손자병법에서 가장 먼저 살피는 것이 도(道)로 위와 아래가 일치된 생각으로 나아가야 죽음도 두려워하지 않는다고 이야기합니다. 그만큼 기업정신을 공유하는 것은 중요한 일인데 이런 업무 매뉴얼을 손수 작성할 정도로 그는 늘 연구하고 깊이 있는 사고를 하고 있음을 느꼈습니다. 마지막으로 배려와 고민이 담긴 사옥입니다. 유기농 식단, 공기를 뿜어내는 청정기, 그리고 바닥난방 등 그가 불편하다고 느꼈던 부분들 그리고 조직원들이 더 좋은 환경에서 일할 수 있도록 고민하고 배려한 결과들이었기에 경영자로서 박진영 사부에게 한 수 배운 느낌이었습니다. 사소한 주제에도 토론을 하고 자신의 생각을 말하던 박진영 대표의 모습은 그가 얼마나 공부하고 생각하는 리더인지를 느꼈습니다. 그러한 깊은 사고와 배려는 시가총액 1위의 JYP 엔터테인먼트의 근간이 되었습니다.

수신제가치국평천하, 국가를 운용하는 통치자들뿐 아니라 기업을 운영하는 기업가, 그리고 자신의 인생을 운영해야 하는 우리에게 박진영 대표가 주는 지혜입니다. 시가총액 1조의 기업을 이끄는 수장이자 가장 혁신적이고 트렌드를 만드는 엔터테이너인 박진영 님, 그 바탕에는 꿈꾸는 것을 이루려고 늘 발전하는 가수로서 늘 조직에 대한 깊게 생각하고 세심하게 신경 쓰는 기업가로서의 노력과 고민이 있습니다. 오늘 박진영 님을 보며 우리도 인생에서 꿈을 꾸고 발전하며 인생과 조직을 경영하는 데 지혜를 얻기 바랍니다.

출처: http://blog.naver.com/flight_sun7/222638143627

01 리더십의 개념 및 필요성

1) 리더십의 개념

조직은 구성원의 노력과 헌신을 조정하고 통합하기 위해 관리자와 책임자를 두며, 이들은 구성원의 업무를 계획, 배치, 지도, 통제하며 성과를 평가한다. 성과를 위해 조직의 방향을 최종적으로 결정하는 리더의 역할은 중요하다. 조직의 리더가 어떤 리더십을 발휘하느냐에 따라 조직의 성과나 분위기 그리고 미래까지 좌우할 수 있다. 조직에서 리더는 조직의 정체성을 관리하고, 구성원의 행동방향을 제시하며 조직의 공동목표 달성을 위한 비전을 제시한다. 조직은 리더가 조직을 진두지휘하여 목적지까지 안전하게 도착할 수 있도록 이끄는 '리더십 능력(leadership)'을 갖춘 사람을 필요로 한다. 이러한 리더십을 갖춘 사람이 조직의 발전에 크게 기여할 수 있다(변상우, 2016).

활동 1 리더십의 의미

리더와 관리자의 차이에 대해서 각자의 생각을 적어보시오.

리더(Leader)	관리자(Manager)

리더십과 같은 추상적인 개념을 통합적으로 정의하는 것은 개념의 모호성이 증대되면서 리더십에 대한 확실한 정의는 미흡하다. 따라서 리더십에 대한 일반적인 정의나 개념에는 다음과 같은 것들이 있다.

1. 조직성원들로 하여금 조직목표를 위해 자발적으로 노력하도록 영향을 주는 행위
2. 목표달성을 위하여 어떤 사람이 다른 사람에게 영향을 주는 행위
3. 어떤 주어진 상황 내에서 목표달성을 위해 개인 또는 집단에 영향력을 행사하는 과정
4. 자신의 주장을 소신 있게 나타내고 다른 사람들을 격려하는 힘

위에서 볼 수 있듯이 리더십의 의미는 매우 다양하다. 그리고 우리는 '리더'라고 하면 은연중 리더가 가지고 있는 직위를 보게 된다. 그러나 리더는 반드시 직위를 수반하는 것이 아니라 직급에 따라 요구하는 리더십 역량이 다소 다를 뿐이다. 전 조직원이 각자의 위치에서 리더십으로 무장할 때 그 조직은 매우 강하며 긍정적인 미래를 가질 수 있다.

리더란 리더십을 가진 사람을 말하며, 본 교재에서는 '리더십'을 다음과 같이 정의한다.

리더십이란 조직의 목표 달성을 위하여 개인이 조직원들에게 영향을 미치는 과정이다.

즉, 리더는 미래 통찰력을 가지고 조직의 성장에 영향력을 미치는 공통된 목표를 제시하여야 하고, 그 목표를 달성할 수 있도록 조직원과 팀워크를 이루어 성과를 내는 과정을 주도하는 사람이라고 볼 수 있다.

이러한 리더십의 발휘 구도는 산업사회에서 정보사회로 바뀌면서 아래의 그림처럼 수직적 구조에서 전방위적 구조의 형태로 바뀌게 되었다.

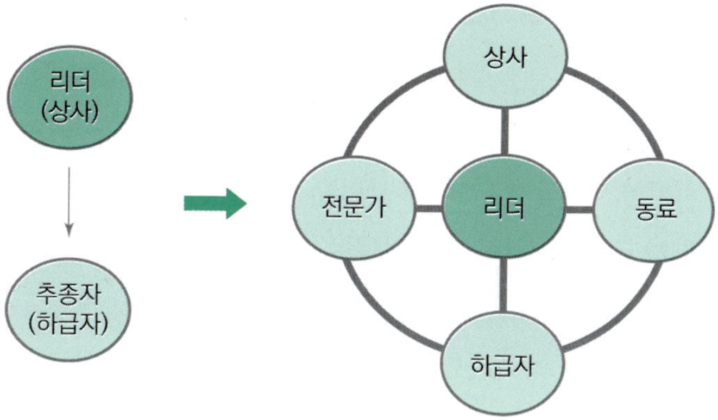

출처: 한국산업인력공단(2016). 대인관계능력 학습자용 워크북.

┃그림 4-1┃ 리더십 발휘 구도의 변화

과거에는 상사가 하급자(부하직원)에게 리더십을 발휘하는 수직적 형태였다. 그러나 오늘날은 리더십은 전방위적으로 발휘된다. 즉, 상사가 하급자에게 발휘하는 형태뿐만 아니라 조직원이 동료나 상사에게까지도 발휘하는 전방위적 형태인 것이다. 급변하는 현대 사회에 각자의 직위에서 각각 신속하고 효율적인 의사결정을 내려야 하기 때문에 개인마다 별도의 주체적인 리더십이 필요한 것이다.

훌륭한 리더는 직위가 없이도 사람들을 이끌 수 있는 무관의 리더(uncrowned leader)이다. 남이 풀 수 없는 문제를 풀고 남이 하기 싫어하는 일을 스스로 맡아 하며 전문성과 지혜를 가지고 보이지 않는 영향력을 발휘할 수 있다면 그가 진정한 리더이다. 반면에 비록 지위가 높더라도 학습능력이 없이 과거의 업적과 영광에만 집착하는 사람은 리더십을 상실한 사람이다.

조직에서 리더와 직원 간의 관계를 보면, 리더는 조직의 목적 달성을 위해서 부하들에게 영향력을 행사한다. 이런 리더의 리더십은 목표달성을 위한 과정이면서 영향력을 행사하는 과정이다. 따라서 구성원의 목표지향성은 리더의 측면에서 많은 영향을 받는다. 특히 리더의 성취 목표지향성은 그룹 내 조직구성원의 목표지향성에 영향을 행사함으로써 만약 리더가 성과에 대해 실패를 회피하는 지향성을 가지면 조직 내의 팀-그룹은 어려운 업무에 도전하지 않으려고 하고 새로운 업무를 피하려고 하는 조직 분위기가 나타나게 되어 그룹 내의 구성원은 성과회피 목표지향성을 가지게 된다. 반대로 만약 리더가 높은 성과 목표지향성을 지니고 있으면, 조직구성원의 성과 행동에 대해 높은 인식도를 가지게 되고 리더를 지지할 수 있다. 조직구성원은 리더의 탁월한 능력, 재능 또는 업적 등에 대해 감탄하고 존경하여 구성원들로 하여금 리더를 모방하게 되므로 자신의 역량을 높이기 위해 새로운 것에 대해 더욱 배우고 싶고 습득하려고 노력하기 때문에 개인의 성과 목표지향성에 긍정적인 영향을 준다(김수 외, 2018).

2) 리더와 관리자의 차이

리더(leader)와 관리자(manager)는 어떤 차이가 있을까? 최고의 리더는 매니지먼트의 기술에 리더의 능력을 부가가치로 첨가하여 가지고 있는 사람이라고 생각한다. 다소 단순한 대비를 해보면, 리더와 관리자의 가장 큰 차이점은 비전이 있고 없음에 있다. 그리고 관리자의 역할이 자원을 관리·분배하고 당면한 문제를 해결하는 것이라면, 리더는 비전을 선명하게 구축하고 그 비전이 팀 멤버의 협력 아래 실현되도록 환경을 만들어 주는 것이다.

따라서 관리자의 관심사가 주로 사람이나 물건을 관리하는 것에 관심을 가지지만, 리더는 사람의 마음을 중시하고 사람의 마음에 동기를 불러일으키는 사람이다. 또 관리자가 오늘의 구체적인 문제를 대상으로 삼는 데 비해, 리더는 미래에 대한 새로운 상황을 창조자인 것이다. 또 하나 중요한 점은 관리자는 일을 '어떻게 할까(How to do?)'에 초점을 맞추는 데 반하여 리더는 '무엇을 할까(What to do?)'에 초점을 맞춘다. 바꾸어 말하면 관리자는 '올바르게 하는 것'에 초점을 두는 대신, 리더는 '올바른 일을 하는 것'에 중점을 둔다는 것이다.

리더	관리자
• 새로운 상황 창조자 • 혁신 지향적 • 내일에 초점 • 사람의 마음에 불을 지핀다. • 사람을 중시 • 정신적 • 계산된 위험(risk)을 취한다. • '무엇을 할까'를 생각한다.	• 상황에 수동적 • 유지 지향적 • 오늘에 초점 • 사람을 관리한다. • 체제나 기구를 중시 • 기계적 • 위험(risk)을 회피한다. • '어떻게 할까'를 생각한다.

리더가 부하(하급자)들에게 어떤 영향력을 주는가에 가장 중요한 요건은 리더십이다. '과정'은 리더가 부하들에게 미치는 영향의 주요 요건이기도 하지만 부하들에 의해 영향을 받기도 하기 때문에 상호작용이라고 볼 수 있다. '집단'은 리더십이 일어나고 있는 현장을 가리키며 리더십은 공동목적을 가지고 있는 집단에 영향력을 미치는 과정을 뜻한다. 이 과정에서 리더와 부하는 밀접한 연관 관계를 지속적으로 유지하고 있으며, 이 관계를 주도하기도 하고 소통하며 유지해 나갈 책임은 리더에게 있다.

공통점	리더십의 내용
공통적 사항	목표지향성, 사람들 간의 영향력, 상호교류의 힘, 영향력 행사과정
리더십의 요소	• 개인 특성(property)의 리더십 • 영향력을 성공시키는 자질조건, 리더들이 갖는 성취능력, 성격, 기업가정신 등을 의미 • 집단 과정(process)의 리더십 • 강제성을 띠지 않는 영향력 행사 과정 • 조직목표 달성을 위해서 조직화된 집단의 구성원들에게 방향을 제시하고 활동을 조정하는 것

출처: 권성민(2017). 효율적인 대인관계.

리더에 대한 수많은 정의들이 속출하고 리더십에 대한 연구는 계속되고 있는

데, 왜 리더의 부재는 계속 언급되는 것일까? 그만큼 리더의 중요성을 강조하는 것이며, 한 조직에서 리더의 부재는 조직의 규모에 상관없이 그 조직에 속해 있는 구성원 모두에게 영향을 미치는 파급력을 가지고 있다는 것이다.

민승기(2015)는 각 계층에서 리더의 부재는 애꿎은 구성원들의 혼란과 희생으로 이어지고 있다고 한다. 작게는 가정에서 리더의 부재로 인해 여러 가지 문제점들 중 자살이 2009년에 들어 한 해 200명을 넘어선다는 사실, 여성가족부의 조사결과 우리나라의 가정의 54.8%가 가정 폭력을 경험했다는 사실 등은 우리나라가 경제적 여건은 소득이 3만 불, 4만 불을 넘어서 풍요로워졌지만, 개개인의 행복지수는 점점 하락하는 것을 볼 수 있다. 우리는 살면서 시련과 마주했을 때 가장 의지할 수 있는 사람이 가족이기 때문에 가정이 건강해야 개인의 회복탄력성도 높일 수 있다. 또한 현재 우리 사회가 다문화가 되면서 가정의 형태도 역할도 다양해지고 있지만, 이 변화에 맞추어 리더도 변화되고 있는지 확인해봐야 할 문제이다.

더 나아가 한 국가에서 리더의 부재는 한 나라의 국민을 비탄에 빠뜨릴 수 있다. 또한 리더가 있지만 조직 안에서 올바른 리더로서 역할을 하지 못하거나 독재와 강압으로 자신의 이권만 챙긴다면, 이것도 리더의 부재나 다름이 없다. 리비아의 카다피, 예멘, 이집트 등 중동의 여러 나라가 오랜 기간 독재 집권으로 성난 민심이 일어나고 그로 인해 독재 정권들의 퇴출이 연이어 발생하고 있다. 가까이에는 북한처럼 독재정치의 세습으로 인해 피폐한 삶을 살아가고, 외교적으로는 국제고아 신세를 면하지 못하고 있으며 이로 인한 모든 고통은 북한 주민의 몫이다.

이처럼 리더십의 중요성은 간과할 수 없는 문제이다. 훌륭한 리더가 되기 위해서는 올바른 리더십에 대한 이해가 있어야 하며, 리더의 자질을 갖추기 위한 노력과 훈련이 지속적으로 뒷받침되어야 할 것이다. 리더란 리더십을 가진 사람을 말하며, 미래 통찰력을 가지고 공유된 목적을 중심으로 한 조직의 구성원과 함께 공유목적을 달성할 수 있도록 리더십을 발휘하여야 한다.

3) 리더십의 필요성

조직 구성원의 행동을 변화시키기 위한 노력은 조직의 목적을 달성하기 위해서 필요하다. 조직의 목적에 성공을 거두기 위한 핵심요소는 리더십이다. 조직의 구성원들은 개개인이 서로 다른 가치관과 정서를 기지고 있으며, 구성원들 사이의 대인관계도 매우 복잡하므로 처음 리더의 의도와는 달리 다른 방향으로 진행되는 경우가 비일비재하며, 또한 시간이 지날수록 조직 안에서도 분열과 단합이 계속 진행되는 가운데 낙오자와 이탈자가 생기기 때문에 이를 극복할 종합적인 리더십이 필요충분조건에 해당한다. 그러나 리더십이 신비롭고 무언가 특별할 것이라고 생각하면 오산이다. 리더십은 카리스마와 전혀 다르며, 타고난 성격과도 무관하다. 또한 선택받은 소수만이 가질 수 있는 특권도 아니다. 조직을 둘러싸고 있는 다양한 기능들을 효율적으로 다루기 위한 것이 관리라면, 리더십은 변화에 대처하는 능력이다. 특히나 현대사회처럼 불확실성이 만연하고 급변하는 환경에서는 리더십 능력의 함양은 필수적이다.

오늘날 훌륭한 리더로 칭송받는 사람들의 예를 살펴보면 자신의 권력을 이용한 리더십이 아니라 하급자(부하)를 먼저 배려하고 존중하는 서번트 리더십(servant leader-ship)을 효율적으로 이용하는 것을 볼 수 있다. 서번트 리더십이란 리더가 부하를 섬기는 자세로 부하들의 성장 및 발전을 돕고 조직의 목표 달성에 부하 스스로가 기여하도록 만들어 리더와 부하 간의 신뢰를 형성시켜 궁극적으로 조직성과를 달성하게 하는 리더십이다. 미국에서 가장 일하기 좋은 회사로 손꼽히는 구글(google)은 기업이 사원들의 복지를 위해 타사와는 전혀 다른 사무실의 구성을 자랑한다. 사무실에는 다양한 형태의 미끄럼틀이 설치되어 있으며 창의적인 생각을 위한 공간들이 마련되어 있고 근무시간을 없애버리는 등 사원들을 배려한 획기적인 리더십이 세계적인 기업으로 우뚝 서게 하는 원동력이 되었다고 본다.

02 리더십의 유형과 특징

일반적으로 리더십 유형은 크게 독재자 유형, 민주주의에 근접한 유형, 파트너십 유형, 변혁적 리더십 유형 등 크게 네 가지로 구분할 수 있다. 이에 대해서 좀 더 자세히 알아보도록 하자(한국산업인력공단, 2016).

1) 독재자 유형

여러분은 지금까지 살아오면서 강력한 독재자를 접해본 경험이 있을 것이다. 정치학에서 그 어원이 비롯된 것과 같이, 독재형은 정책 의사결정과 대부분의 핵심정보를 그들 스스로에게만 국한하여 소유하고 고수하려는 경향이 있다. 전형적인 독재자 유형의 특징은 아래와 같다.

- 질문은 금지
  독재자는 집단의 규칙하에 지배자로 군림하고, 동료에게는 그의 권위에 대한 도전이나 반항 없이 순응하도록 요구하며, 개개인들에게는 주어진 업무만을 묵묵히 수행할 것을 기대한다.
- 모든 정보는 내 것이다.
  독재자는 지식(정보)이 권력의 힘이라고 믿는다. 이러한 까닭으로 대부분의 구성원들과 조직에 대한 핵심정보를 혼자 독점하고 유지하려고 애쓰면, 다른 구성원들에게는 기본적 수준의 정보만을 제공한다.
- 실수를 용납하지 않음
  독재자 유형은 언제 어디서나 가장 초고의 질적 수준을 요구한다. 실수는 결코 용납되지 않으며, 한 번의 실수는 곧 해고로 이어지거나 다른 형태의 징계로 이어진다.

독재자 유형은 집단이 통제력을 잃고 무질서한 상태에 빠져 있거나 구체적인 성과가 나타나지 않을 경우 효과적일 수 있다. 이러한 경우 독재자 유형의 리더는 팀원에게 업무를 공정히 나누어 주고, 그들 스스로가 결과에 대한 책임을 져야 한다는 것을 일깨울 수 있다.

2) 민주주의에 근접한 유형

민주주의에 근접한 유형의 리더십은 독재자 유형의 리더십보다 관대한 편이다. 리더는 그룹에 정보를 잘 전달하려고 노력하고, 전체 그룹의 구성원 모두를 목표방향 설정에 참여하게 함으로써 구성원들에게 확신을 심어주려고 노력한다.

예를 들면, 홍길동은 아침마다 정규 직원회의를 개최한다. 그는 직원회의에서 그 날의 협의 내용에 대한 개요자료를 부하직원들에게 나누어준다. 그러면 직원들은 자신의 의견을 제시하거나 완전히 새로운 안을 제시할 수도 있다. 홍길동은 이러한 부하직원들의 생각에 동의하거나 거부할 권한을 가진다. 민주주의에 근접한 유형의 특징은 아래와 같다.

- 참여
  리더는 팀원들이 한 사람도 소외됨이 없이 동등하다는 것을 확신시킴으로써 비즈니스의 모든 방면에 종사하도록 한다.
- 토론의 장려
  리더는 경쟁과 토론의 가치를 인식하여야 하며, 팀이 나아갈 새로운 방향의 설정에 팀원들을 참여시켜야 한다.
- 거부권
  '민주주의에 근접한'이라는 말에서 알 수 있듯이, 이 유형의 리더들이 비록 민주주의적이긴 하지만 최종 결정권은 리더에게만 있다.

민주주의에 근접한 방식은 당신이 혁신적이고 탁월한 부하직원들을 거느리고 있고, 또 그러한 방향을 계속적으로 지향할 때 가장 효과적이다. 기발하고 엄청난 아이디어를 가졌다고 할지라도, 양적인 것이 항상 질적인 것까지 수반하는 것은 아니다. 리더에게는 옳고 그름을 결정할 책임이 있다.

3) 파트너십 유형

파트너십은 이전까지 논의한 리더십 형태와는 전혀 다른 형태의 리더십이다. 독재자 유형과 민주주의에 근접한 유형은 리더와 집단 구성원 사이에 명확한 구분이 있다. 하지만 파트너십에서는 그러한 구분이 희미하고, 리더가 조직에서 한 구성원이 되기도 한다. 파트너십 유형의 특징을 아래와 같다.

- 평등
  리더는 조직 구성원들 중 한 명일 뿐이다. 그는 물론 다른 조직 구성원들보다 경험이 더 풍부하겠지만 다른 구성원들보다 더 비중 있게 대우받아서는 안 된다.
- 집단과 비전
  집단의 모든 구성원들은 의사결정 및 팀의 방향을 설정하는 데 참여한다.
- 책임공유
  집단의 모든 구성원들은 집단의 행동의 성과 및 결과에 대해 책임을 공유한다.

파트너십 유형은 소규모 조직에서 풍부한 경험과 재능을 소유한 개개인들에게 적합하다. 신뢰, 정직, 그리고 구성원들의 능력에 대한 믿음이 파트너십의 핵심 요소이다.

4) 변혁적 유형

변혁적 리더는 개개인과 팀이 유지해온 이제까지의 업무수행 상태를 뛰어넘으려 한다. 변혁적 리더는 전체 조직이나 팀원들에게 변화를 가져오는 원동력이다. 변혁적 유형의 특징은 아래와 같다.

- 카리스마
  변혁적 리더는 조직에 명확한 비전을 제시하고, 집단 구성원들에게 그 비전을 쉽게 전달할 수 있다.
- 자기 확신
  변혁적 리더는 뛰어난 사업수완 그리고 어떠한 의사결정이 조직에 긍정적으로 영향을 미치는지 예견할 수 있는 능력을 지니고 있다.
- 존경심과 충성심
  변혁적 리더는 개개인에게 시간을 할애하여 그들 스스로가 중요한 존재임을 깨닫게 하고, 존경심과 충성심을 불어넣는다.
- 풍부한 칭찬
  변혁적 리더는 구성원이나 팀이 직무를 완벽히 수행했을 때 칭찬을 아끼지 않는다. 사람들로 하여금 한 가지 일에 대한 성공이 미래의 여러 도전을 극복할 수 있는 자극제가 될 수 있다는 것을 깨닫게 한다.
- 감화
  변혁적 리더는 사범이 되어 구성원들이 도저히 해낼 수 없다고 생각하는 일들을 구성원들로 하여금 할 수 있도록 자극을 주고 도움을 주는 일을 수행한다.

활동 2 리더십 유형

다음 밑줄 친 곳에 독재자 유형, 민주주의에 근접한 유형, 파트너십 유형 그리고 변혁적 유형 중 가장 적절하다고 생각하는 것을 적어보시오.

철수는 스포츠용품 제작/판매 부서의 새로운 관리자로 승진되었다. 그 부서는 과거 가시적인 성공을 거두어 왔으나, 회사의 구조조정을 통해 오랫동안 일해왔던 직원의 수가 줄어듦에 따라 최근에는 판매실적이 평균 이하로 떨어진 상태였다.
철수는 새로운 관리자로서 비교적 젊은 나이였기 때문에, 처음에는 ① __________ 유형을 적용하여 그 상황에 대처하였다. 그는 여러 판매부서 중에서 가장 훌륭한 직원들이 그의 그룹에 있음을 알고 있었다. 그는 현재 직원들의 업무수행능력이 급격히 떨어지고 있는 상태라는 것을 각인시켰으며, 부하직원들에게 회사 내에서 최고 판매부서로 다시 발돋움할 수 있도록 자신이 최대한 도와줄 것임을 인식시켰다.
철수는 노련한 고참직원들이 이전에 어떻게 성공할 수 있었는지에 대해 되돌아보도록 하였으며, 그러한 과거로 되돌아갈 수 없도록 방해하고 있는 것이 무엇인지 진단하는 것을 도와주었다. 그는 그들이 전성기에 얼마나 열성적이었으며 혁신적이었는지에 대해서 자랑하려고만 하고 성공을 향한 또 다른 노력을 기울이지는 않는다는 것을 발견하였다.
철수는 이내 ② __________유형의 리더가 되어 그의 부하직원들의 신뢰와 충성의 수준을 새로이 설정하였다. 그는 그의 부하직원들에게 보다 높은 수준으로 도약하기를 요구했으며, 집단의 성공과 실패에 그들 가신이 직접적으로 책임이 있음을 깨닫게 하여 그들 스스로 열심히 일하도록 하였다. 철수는 그의 리더십에 계속적으로 저항하고, 판매에 있어서 적극적으로 보이지 않는 직원을 해고함으로써 이를 마무리 지었다.
그러자 철수의 팀은 적어도 평균 이상의 수준이 되었다. 이에 철수는 ③ __________ 유형의 리더가 되었다. 그는 가장 경험이 많고 노련한 고참직원에게도 새로운 판매방법을 종용하여, 6개월 이내에 75%의 판매실적을 더 올리자는 비전을 제시하였다.
그의 부하직원들을 이러한 방법으로 고무시키고 격려함으로써 철수의 그룹은 회사 전체에서 판매실적 선두권을 달리게 되었다. 그와 부하직원들은 스스로의 혁신성과 창의성을 깨닫게 되었고, 또한 회사의 성공에 크게 기여하였음을 깨닫게 되었다.

출처: 한국산업인력공단(2016). 대인관계능력 학습자용 워크북.

03 조직 안의 리더십

어떠한 일을 맡았을 때 '그것이 내게 무슨 소용이 있는가?'라는 생각을 가져보지 않은 사람은 아마 없을 것이다. 특히 하고 싶지 않은 일을 맡게 된 경우라면 이런 생각이 더욱 강하게 들기 마련이다. 조직의 구성원들은 누구나 자신의 이익과 목표를 실현하고자 하는 욕망에서 프로젝트 완수의 동기를 얻는다. 따라서 리더는 조직 구성원들이 금전적인 보상이나 편익, 승진에 의해서만 동기를 부여받을 것이라는 자신만의 생각으로 구성원들을 대해서는 안 된다. 물론 이러한 외적인 동기유발제가 일시적으로 효과를 낼 수도 있다. 하지만 인간관계에서 이러한 전술은 전혀 먹혀들지 않는다. 이 같은 보상이 단기간에 좋은 결과를 가져오고 직원들의 사기를 끌어올릴 수 있지만, 그 효과는 오래가지 못한다. 즉 금전적인 보상이나 스톡옵션 등의 외적인 동기유발제는 조직원들에게 멋진 혜택일 수 있지만, 그들이 지속적으로 최선을 다하도록 동기를 부여하는 데는 충분하지 않다는 뜻이다.

조직원들이 지속적으로 자신의 잠재력을 발휘하도록 만들기 위해서는 외적인 동기유발제 그 이상을 제공해야 한다. 사실 모든 조직원들의 욕구를 만족시킬 수 있는 이상적인 근무환경을 만들기란 쉽지 않다. 그러나 이러한 환경이 마련된다면 조직원들은 돈이나 편익 등 비본질적인 요인이 아닌 자기 내면의 순수한 욕망에 의해 동기를 부여받을 것이다(한국산업인력공단, 2016).

1) 긍정적 강화법을 활용한다

목표달성을 높이 평가하여 조직원에게 곧바로 보상하는 행위를 '긍정적 강화'라고 한다. 긍정적 강화법은 조직원들의 동기를 부여하는 데 더없이 효과적이다. 높은 성과를 달성한 조직원에게는 곧바로 따뜻한 말이나 칭찬으로 보상해주는 것이 필요하다.

2) 새로운 도전의 기회를 부여한다

환경 변화에 따라 조직원들에게 새로운 업무를 맡을 기회를 준다면, 팀에는 발전과 창조성을 고무하는 분위기가 자연스럽게 조성된다. 즉 조직원들은 매일 해왔던 업무와 전혀 다른 일을 처리하면서 새로운 도전이 주는 자극과 스릴감을 톡톡히 맛볼 것이다. 나아가 자신의 능력을 인정받았다는 뿌듯함과 성취감을 느끼며, 권한을 가지게 되었다고도 생각한다.

3) 창의적인 문제해결법을 찾는다

직장생활 중 자유롭게 의사결정을 하지 못하고 자신의 소신대로 업무를 진행하지 못할 경우, 조직원들은 자칫 피해의식에 사로잡혀 사사건건 다른 조직원들을 비난할 수도 있다.

창의적인 문제 해결방법은 조직원들이 자신의 실수나 잘못에 대해 스스로 책임지도록 동기를 부여한다. 리더는 조직원이 문제를 해결하도록 지도하고 개입할 수는 있지만, 실질적인 해결책만큼은 조직원 스스로 찾도록 분위기를 조성해 주는 것이 바람직하다.

4) 책임감으로 철저히 무장한다

자신의 잘못에 대한 책임을 다른 직원에게 전가하는 직원처럼 리더를 화나게 하고 좌절하게 하는 것은 없다. 직원들이 자신의 실수나 잘못에 대해 책임은 지지 않고, 오히려 다른 직원들에게 책임을 전가하는 일이 지속된다면 팀의 근무 환경은 현저히 나빠지게 마련이다. 있는 그대로 솔직하게 커뮤니케이션할 수 있는 분위기를 만들고, 직원들이 현실적인 목표를 세워 자신의 업무에 책임을 다하도록 격려한다면 이러한 습관은 완전히 없어질 것이다.

자신의 업무에 책임을 지도록 하는 환경 속에서 일하는 직원들은 오히려 자신의 위치에서 안정감을 느낄 뿐 아니라, 자신의 의미 있는 일을 하고 있다는 긍지를 갖는다. 또한 어떤 어려움이든 극복하겠다는 의지가 강하며, 달성 가능한 목표점을 계속해서 높여 간다. 이러한 팀에서는 리더와 부하직원들이 의사결정과 문제 해결방법을 함께 찾아간다.

5) 몇 가지 코칭을 한다

코칭은 상당히 폭넓게 사용된다. 일반적으로 코칭은 문제 및 진척 상황을 직원들과 함께 자세하게 살피고 지원을 아끼지 않으며, 지도 및 격려를 하는 활동을 의미한다. 직원들을 코칭하는 리더는 직원 자신의 권한과 목적의식을 가지고 있는 중요한 사람이라는 사실을 느낄 수 있도록 이끌어주어야 한다. 또한 직원들이 자신만의 장점과 성공 전략을 활용할 수 있도록 적극 도와야 할 것이다.

6) 변화를 두려워하지 않는다

'안전지대(Comport Zone)'란 모든 것이 친숙하고 위험 요소가 전혀 없는 편안한 상황을 의미한다. 더욱 높은 목표를 달성하고자 한다는 것은 이러한 안전지대를 떠난다는 것을 의미한다. 그것은 위험을 감수한다는 말과 같다.

변화에 대한 두려움으로 리더나 구성원들 모두 정신적 고통에 직면할 수도 있다. 그럼에도 불구하고 리더는 부하직원들이 안전지대에서 벗어나 더욱 높은 목표를 향해 나아가도록 격려해야 한다. 위험을 감수해야 할 이유가 합리적이고 목표가 실현 가능한 것이면 직원들은 기꺼이 변화를 향해 나아갈 것이며, 위험을 선택한 자신에게 자긍심을 가지면 좋은 결과를 이끌어내고자 지속적으로 노력할 것이다.

7) 지속적으로 교육한다

업무 수행에 필요한 전문성이 부족하다며 자포자기하는 직원처럼 리더를 맥 빠지게 하는 사람도 없을 것이다. 따라서 리더는 직원들에게 지속적인 교육과 성장의 기회를 제공함으로써, 직원 자신이 상사로부터 충분히 인정받고 있으며, 일부 권한을 위임받았다고 느낄 수 있다고 동기를 부여해야 한다. 팀원들 개개인이 자신의 능력에 확신을 가진다면 팀의 업무 성과는 몰라보게 좋아진다.

모름지기 리더는 직원들의 일에 대한 열망과 의지를 간과해서는 안 된다. 그뿐 아니라 리더가 명확한 지침을 제공하고 적절한 교육을 하며 필요한 자원을 아낌없이 지원해 줄 때 직원들은 직장생활을 성공적으로 해나간다는 사실을 알아야 한다.

INTERPERSONAL COMPETENCY

04 코칭의 개념과 필요성

코칭(Coaching)은 조직의 지속적인 성장과 성공을 만들어내기 위한 리더의 능력이라고 말할 수 있다. 코칭은 직원들에게 질문을 던지기도 하고 직원들의 의견을 적극적으로 경청하기도 하며 필요한 지원을 아끼지 않아 생산성을 높이고 기술 수준을 발전시키며, 자기 향상을 도모하는 직원들에게 도움을 주고 업무에 대한 만족감을 높이는 과정이라고 말할 수 있다(권성민 외, 2017).

1) 코칭 기술은 언제 필요한가?

코칭은 커뮤니케이션 과정의 모든 단계에서 활용할 수 있으며 직원들과 함께 의견을 나누고 공유하여 효과적인 해결책과 올바른 성과를 이끌어낸다. 예를 들어 직원들과 함께 판매량을 높일 수 있는 방법에 대해 공유하고 해결책을 찾아내기 시작하면 판매량이 급증될 수도 있으며 품질이 뛰어난 제품을 생산하도록 팀에 동기를 부여하고, 구성원들의 사기를 드높이기도 한다.

시간이 지날수록 코칭은 모든 사람을 팀에 관여하도록 하고, 프로젝트 또는 업무를 훌륭하게 수행하도록 하는 데 기여한다. 또한 실수나 비효율적인 방법을 사전에 파악해서 개선하게 하므로 업무성과를 높이고 직원들 간의 관계를 돈독하게 할 뿐 아니라, 직원 개개인이 강한 자신감과 자긍심을 갖도록 이끌어준다.

2) 코칭은 관리가 아니다

코칭과 관리는 대표적인 커뮤니케이션 도구이다. 그러나 둘은 전혀 다른 접근법을 가지고 있다. 관리의 도구로 활용되는 전통적인 접근법에서는 리더가 지식이나 정보를 전달하며 의사결정의 권한을 가지고 있는 것이 당연하게 받아들여진다.

코칭은 이와 같은 전통적인 접근법과는 거리가 멀다. 리더는 이를 깊이 인식해야 하며 자신이 가지고 있는 통제 권한을 기꺼이 버려야 한다. 코칭활동은 다른 사람들을 지도하는 측면보다 이끌어주고 영향을 미치는 데 중점을 두기 때문이다. 코칭은 지침보다는 질문과 논의, 통제보다는 경청과 지원을 통해 조직의 발전과 성공적인 성과를 이끌어낸다.

3) 코칭이 개인에게 주는 혜택

코칭은 문제가 발생하기 전에 이루어지는 커뮤니케이션(Proactive Communication)에 기초하는 것 말고도, 영향 및 리더십에 기초하고 있다. 코칭은 관리 도구가 아닌 관리 스타일이다.

코칭을 하는 과정에서 리더는 직원들을 기업에 값진 기여를 하는 파트너로 인식하게 된다. 한편 성공적인 코칭을 받은 직원들은 문제를 스스로 해결하려고 노력하는 적극성을 보인다.

4) 코칭이 조직에게 주는 혜택

코칭을 실천하고 있는 조직들은 다음과 같은 혜택과 결과를 누린다.

- 동기를 부여받은 자신감 넘치는 노동력
- 높은 품질의 제품
- 철저한 책임감을 갖춘 직원들
- 전반적으로 상승된 효율성 및 생산성

5) 코칭의 기본 원칙

(1) 관리는 만병통치약이 아니다.

코칭의 기본은 서로가 자유롭게 논의할 수 있고 제안할 수 있어야 한다는 점이다. 리더는 '부하직원들의 창조성과 통찰력을 결코 간과해서는 안 된다'는 것을 중요시해야 한다. 문제에 좀 더 가까이 있고 직접적으로 연관되어 있는 사람은 직원들이기 때문이다.

(2) 권한을 위임한다.

리더는 직원들이 어떠한 일이든 자신의 업무에 책임의식을 갖고 완전히 책임질 수 있도록 이끌어야 한다. 어떤 직원에게 프로젝트를 부여한 뒤 업무를 수행하는 동안 모든 결정을 스스로 하도록 권한을 준다면, 그 직원은 자연적으로 주인의식을 갖게 된다.

(3) 훌륭한 코치는 뛰어난 경청자이다.

코치인 리더는 적극적인 경청자답게 잡념을 떨쳐버리고 직원에게만 모든 관심을 집중해야 한다. 적극적인 경청을 통해 리더는 직원이 말하려고 하는 바를 이해하는 능력과 직원들이 느끼는 바가 무엇인지 헤아리는 능력을 향상시킬 수 있다. 리더는 부하직원들을 섣불리 판단하지 않아야 하고, 코칭하는 동안 특별한 반응을 보여서도 안 된다. 또한 부하직원들이 말하고자 하는 요점과 표현 방식에 대해 최선의 결정을 내릴 수 있도록 피드백을 적극 제공해야 한다.

(4) 목표를 정하는 것이 가장 중요하다.

리더는 서로 다른 기술과 능력을 가지고 있는 직원들에게 어떤 목표를 정해줄 것인지 확실히 판단해야 한다. 이 말은 곧 업무를 깔끔하게 처리하는 적절한 방법을 직원 스스로 개발하도록 도와주기 위해 리더 자신이 여러 가지 기술을 발휘해야 할 뿐 아니라, 직원마다 어떠한 장점을 갖고 있는지 정확히 파악하고 있어야 한다는 것을 의미한다.

6) 코칭의 진행 과정

코칭모임을 준비할 경우, 어떤 활동을 다룰 것이며 시간은 어느 정도 소요될 것인지에 대해서 직원들에게 구체적이고 명확히 밝힌다. 지나치게 많은 지시와 정보로 직원들을 압도하는 일이 없도록 하고 질문과 피드백에 충분한 시간을 할애한다.

- 시간을 명확히 알린다.
- 목표를 확실히 밝힌다.
- 핵심적인 질문으로 효과를 높인다.
- 적극적으로 경청한다.
- 반응을 이해하고 인정한다.

- 직원 스스로 해결책을 찾도록 유도한다.
- 코칭과정을 반복한다.
- 인정할 만한 일은 확실히 인정한다.
- 결과에 대한 후속 작업을 집중한다.

7) 코칭은 어떤 사람들에게 필요한가?

전통적으로 코칭은 리더나 관리자가 직원들을 코치하는 관점에서 활용되었다. 하지만 이제는 상황이 바뀌었다. 코칭은 다음과 같은 사람들에게 성공적인 커뮤니케이션 수단이다.

- 판매자 : 새롭고 효과적인 해결책을 설계, 진행 및 실현하는 데 활용
- 고객 : 고객만족 문제를 해결하고, 장기적인 수익을 실현하는 데 활용
- 직장 외의 사람들과 상황에서도 활용

코칭은 자신과는 다른 다양하고 값진 의견을 받아들이기 위한 방법이다. 즉 관계된 사람들을 모두 참여하게 만들고, 코칭을 하는 사람이나 받는 사람이 서로 의사소통을 할 수 있도록 만드는 커뮤니케이션 절차이다. 직원들은 코칭의 과정에서 리더가 자신의 의견과 제안을 들어준다고 느끼는데, 이러한 이유 때문에 코칭은 직장 내에서 직원들의 사기를 진작하고 신뢰감을 형성하는 데 필요한 커뮤니케이션 수단으로 늘 활용된다.

사례 1

갈 빈: 앨리슨 씨, 좋은 아침입니다. 구체적으로 어떤 업무를 하기를 원하는지, 또한 새로운 업무 목표를 어떻게 이룰 것인지와 관련해 앨리슨 씨의 의견을 듣고 싶습니다.

앨리슨: 솔직히 말하자면 이번에 제가 추가로 맡은 업무는 달갑지 않습니다. 현재 맡고 있는 업무도 벅찬데 어떻게 해낼 수 있을지 난감할 뿐입니다.

갈 빈: 그 심정은 저도 충분히 이해합니다. 그러나 현재 회사의 비즈니스 및 재정 여건을 고려했을 때, 직원을 감원하지 않는다면 우리 모두의 일자리가 위험하다는 사실을 이해해주셨으면 합니다. 힘들기는 하지만 불가피한 결정이었다고 생각합니다. 이제는 현재의 인원으로 업무를 어떻게 수행할 수 있을지에 관해서 구체적으로 설계해야 합니다. 앨리슨 씨가 맡게 될 새로운 업무를 검토하고, 그것을 어떻게 달성할 수 있을지 집중적으로 얘기해봅시다.

앨리슨: 조금 전에 말씀드렸듯이 새로 주어진 업무까지 처리하기엔 시간이 턱없이 부족합니다. 다른 방법을 생각해보았으면 합니다.

갈 빈: 그렇다면 이 문제를 해결하기 위한 좋은 생각이 있습니까?

앨리슨: 제가 맡은 업무를 보면, 없애도 되는 중복된 업무들이 있습니다. 중복된 업무를 하나로 통합한다면 다른 업무를 볼 여유가 있을 것 같습니다.

갈 빈: 정말 좋은 의견입니다. 좀 더 구체적으로 말씀해주셨으면 합니다.

앨리슨: 우리는 단지 고객의 요구를 만족시키기 위해 불필요한 절차를 따르고 있다고 생각합니다. 다른 부서 직원들에게 물어보아도 제 의견과 크게 다르지 않을 것입니다.

갈 빈: 예 좋습니다. 어려운 문제에 대해 긍정적인 안을 내주셔서 정말 기쁩니다. 새로운 업무를 어떻게 진행시킬 수 있을지 생각해보았으면 합니다. 그리고 그로 인해서 자신에게 어떠한 이익이 생길지에 대해서도 말씀해주시겠어요?

앨리슨: 그게 무슨 말씀이죠?

갈 빈: 몇 년간 앨리슨 씨는 현재의 업무를 잘 해왔습니다. 그러나 같은 업무만 처리하다 보면 도전정신도 없어지고, 웬만한 것에는 자극을 받지 못합니다. 이번에 맡은 새로운 업무를 완벽하게 처리하기 위해 앞으로 어떤 새로운 기술을 활용할 생각입니까?

앨리슨: 예. 경험해보지 않은 업무를 갑자기 맡게 되어서 기분이 좋지는 않습니다. 하지만 지금까지 저는 업무를 진행하면서 제가 가지고 있는 창조적인 능력을 거의 사용해보지 못했다는 생각이 들었습니다. 지금보다는 훨씬 창조적인 능력을 발휘할 수 있다는 점을, 이번에 새로 맡게 될 업무의 보상으로 받아들이도록 하겠습니다.

갈 빈: 앨리슨 씨, 정말 멋진 생각입니다. 앞으로도 새로운 기술과 재능을 갖추고 있다는 점을 앨리슨 씨는 이미 보여주고 있습니다.

출처: 한국산업인력공단(2016). 대인관계능력 학습자용 워크북.

활동 3 코칭으로 리더십 역량 강화

[사례 1]에서 앨리슨이 자신이 맡게 될 새로운 업무에 대해 코칭을 받는 상황이다. 아래 코칭이 성공한 이유는 무엇인지 각자의 생각을 적어보시오.

05 임파워먼트

'임파워먼트(Empowerment)'는 리더십의 핵심 개념 중 하나이다. 즉 '권한 위임'이라고 할 수 있다. 임파워먼트는 사전적으로 "파워 또는 권한을 주다"는 뜻이 있으며 이외에 'enabling'과 같은 뜻으로 정의되고 있는데, 단순히 권한을 주는 것을 넘어 자신의 능력에 대한 강한 자신감과 신념을 갖도록 지원해 주는 것을 의미한다. 직원들에게 일정 권한을 위임함으로써 훨씬 수월하게 성공의 목표를 이룰 수 있을뿐더러 존경받는 리더로 거듭날 수 있다. 자신의 능력을 인정받아 권한을 위임받았다고 인식하는 순간부터 직원들의 업무 효율성은 높아지게 마련이지만 안타까운 점은 많은 리더들이 직원들에게 권한을 위임하지 않는다는 것이다.

'임파워먼트'란 '조직 구성원들을 신뢰하고 그들의 잠재력을 믿으며 그들의 잠재력 개발을 통하여 High Performance(고성능의) 조직이 되도록 하는 일련의 행위'로 정의할 수 있다(한국산업인력공단, 2016).

1) 임파워먼트의 이점

성공적인 리더들은 단순한 임파워먼트를 해주거나 시행시키지 않는다. 대신 그들은 임파워먼트가 성장할 수 있는 여건을 조성한다. 리더와 그를 따르는 사람들 모두에 의해 임파워먼트가 일어날 수 있는 문화가 조성되면 임파워먼트는 조직의 모든 사람들로부터 시너지의 효과를 낼 수 있고 창조적인 에너지를 끌어낼 수 있다. 임파워먼트를 하면 생산성이 향상되고 사람들의 좋은 기회에 대한 큰 기대를 하게 되며 진보적이고 성공적인 조직을 만들 수 있게 되는데 임파워먼트가 잘 되어 High Performance(고성능의) 조직이 되면 다음과 같은 이점이 나타난다(한국산업인력공단, 2016).

가. 나는 매우 중요한 일을 하고 있으며, 이 일은 다른 사람이 하는 일보다 훨씬 중요한 일이다.

나. 일의 과정과 결과에 나의 영향력이 크게 작용했다.

다. 나는 정말로 도전하고 있고 나는 계속해서 성장하고 있다.

라. 우리 조직에서는 아이디어가 존중되고 있다.

마. 내가 하는 일은 항상 재미가 있다.

바. 우리 조직의 구성원들은 모두 대단한 사람들이며, 다 같이 협력해서 승리하고 있다.

2) 임파워먼트의 충족 기준

진정한 임파워먼트는 구성원들의 혁신성과 자발성을 이끌어내어 조직 전체의 목적에 도달할 수 있도록 유도함으로써 조직 목적의 방향감과 질서의식을 실제로 창출하게 한다. 조직의 효과를 장기적으로 극대화하려면 임파워먼트를 극대화해야 하는데, 진정한 임파워먼트를 위해서는 다음의 세 가지 기준이 반드시 충족되어야 한다(한국산업인력공단, 2016).

1. 여건의 조성
   임파워먼트는 사람들이 자유롭게 참여하고 기여할 수 있는 일련의 여건들을 조성하는 것이다. 그것은 사람들에게 행해지는 어떤 행동이 아니다.
2. 재능과 에너지의 극대화
   임파워먼트는 사람들의 재능과 욕망을 최대한으로 활용할 뿐만 아니라 더 나아가 확대할 수 있도록 하는 것이다.
3. 명확하고 의미 있는 목적에 초점
   임파워먼트는 사람들이 분명하고 의미 있는 목적과 사명을 위해 최대한 노력을 발휘하도록 해주는 것이다.

3) 임파워먼트의 여건

효과적인 리더는 구성원들의 능력을 발휘할 수 있도록 조직 내의 임파워먼트 여건들을 창출하려 한다. 임파워먼트가 잘 되지 않는 환경에서는 구성원들의 능력이 발휘되지 못하는 경우가 많이 있다. 이러한 임파워먼트 여건들은 조직 구성원들의 성장을 촉진하며 그들이 의미있는 목표를 달성하는 데 필요한 잠재력과 창의성을 최대한 발휘하게 한다. 더 나아가 이해 관계자들의 요구를 충족시키고 그 이상을 이뤄내는 효과를 가져온다.

리더는 때때로 훌륭한 성과를 내는 세계적인 수준의 조직원들과 함께 임파워먼트 문화를 키우고 때로는 길고 고통스러운 조성 과정을 참지 못하고 바른 치유책을 찾으려 한다. 그러나 그들은 문화는 기계처럼 조작될 수 없고 조심스럽게 조성되고 정성스럽게 육성되어야 한다.

리더는 임파워먼트 환경이 가져다주는 혜택과 임파워먼트 환경을 갖춘다는 것이 의미하는 바를 잘 알고 있어야 한다. 임파워먼트 환경에서는 사람들의 에너지, 창의성, 동기 및 잠재능력이 최대한 발휘되는 경향이 있다. 임파워먼트 환경은 사람들이 현상을 유지하고 순응하게 만드는 경향이 있다. 높은 성과를 내는 임파워먼트 환경의 특징에는 다음과 같은 것들이 포함된다.

1. 도전적이고 흥미 있는 일
2. 학습과 성장의 기회
3. 높은 성과와 지속적인 개선을 가져오는 요인들에 대한 통제
4. 성과에 대한 지식
5. 긍정적인 인간관계
6. 개인들이 공헌하며 만족한다는 느낌
7. 상부로부터의 지원

4) 임파워먼트의 장애요인

리더는 임파워먼트의 여건을 마련하는 일 외에 임파워먼트에 장애가 되는 요인들에 대해서도 알고 있어야 하는 바, 네 가지 차원과 관련된 장애요인들을 살펴보면 다음과 같다.

1. 개인 차원
   주어진 일을 해내는 역량의 결여, 동기의 결여, 결의의 부족, 책임감 부족, 의존성
2. 대인 차원
   다른 사람과의 성실성 결여, 약속 불이행, 성과를 제한하는 조직의 규범, 갈등처리 능력 부족, 승패의 태도
3. 관리 차원
   통제적 리더십 스타일, 효과적 리더십 발휘 능력 결여, 경험 부족, 정책 및 기획의 실행 능력 결여, 비전의 효과적 전달능력 결여
4. 조직 차원
   공감대 형성 없는 구조와 시스템, 제한된 정책과 절차

활동 4 임파워먼트의 의미

❖ 당신이 생각할 때, 높은 성과를 내기 위해 임파워먼트 환경을 구축하려면 조직은 어떠한 조건들을 갖추어야 할지 각자의 생각을 적어보시오.

1. 조직원들에게 도전적이고 흥미로운 일을 제공해야 한다.
2. 조직원들에게 학습과 성장의 기회를 제공해야 한다.
3. ______
4. ______
5. ______
6. ______
7. ______

출처: 한국산업인력공단(2016). 대인관계능력 학습자용 워크북.

❖ 임파워먼트에 장애가 되는 요소에는 어떠한 것들이 있을지 각자의 생각을 적어보시오.

1. 기본적으로 조직원들의 역량이 부족하다.
2. 리더가 독재자형 유형의 리더십 스타일을 고집한다.
3. 조직이 공감대 형성 없는 구조와 시스템을 가지고 있다.
4. ______
5. ______
6. ______
7. ______
8. ______

학습성찰

이번 주 학습한 내용 중 본인의 생활에 적용 가능한 내용을 작성해 보시오.

평가내용	자가진단				
	1	2	3	4	5
리더십에 대해 설명할 수 있다.					
코칭에 대해 설명할 수 있다.					
임파워먼트를 설명할 수 있다.					

내용	내용
학습내용에 대해 새롭게 발견한 점	
학습내용에 대해 느낀 점	
학습내용 중 본인의 생활에 적용 가능한 점	
적용계획 (구체적으로 작성)	
기대효과	

대 인 관 계 능 력

INTERPERSONAL COMPETENCY

CHAPTER 05

동기부여 능력

INTERPERSONAL COMPETENCY

세부목표

구성원들의 열정을 이끌어내기 위한 동기부여의 개념과 이론 및 다양한 동기부여 전략, 구체적 방안들을 학습함으로써 일하기 좋은 직장을 만들기 위한 스킬을 습득하고자 한다.

일반목표

1. 동기부여의 개념을 설명할 수 있다.
2. 동기부여의 이론을 설명할 수 있다.
3. 직장생활에서 조직구성원의 동기를 부여할 수 있는 전략과 방법을 활용할 수 있다.

주요용어

동기부여, 욕구단계설, 동기부여방법

미리보기

신입 직원들에게 알찬 예산 집행으로 큰 동기를 부여하는 국세청 사례가 여당 의원을 통해 소개됐다. '적은 예산, 최대한의 배려'가 국회의원도 놀라게 했다는 후문이다. 김두관 더불어민주당 의원(경남 양산을)이 국세청에서 받은 자료에 따르면, 국세청은 세무관서에 첫 발령을 받은 신입 직원을 격려하기 위해 근무에 필요한 사무용품 등을 담은 선물상자를 전달하고 있다. 선물상자 안에는 신규 임용을 축하하는 국세청장의 편지와 미니 서랍장이 담겨 있는 것으로 알려졌다.

미니 서랍장에는 공무원 생활을 하며 쓸 수 있는 각종 볼펜, 형광펜과 같은 기본적인 사무용품이 담겨 있고, 이밖에 머그컵, 무선마우스, 공무원증 케이스 등 총 24종의 물품이 선물상자를 꽉 채우고 있다.

마치 조선시대 세무공무원들이 유척(과세 측정을 위해 사용한 자) 등 행정에 필요한 물품을 지급받았던 것을 재현한 모습이다.

이를 위해 들어가는 한해 전체 예산은 5000만 원 수준에 불과하다. 선물상자가 24종의 물품을 담고 있다는 점을 감안하면, 예산을 최대한 알뜰살뜰하게 썼다는 뜻이다. 김두관 의원은 "적은 예산으로 국세청 신규 공무원들에게 동기부여를 극대화해주는 가성비 사업"이라며 "국세청뿐만 아니라 모든 부처로 이 사업이 확대 시행되어야 한다."고도 전했다.

출처: 조세금융신문(2021.09.28.), 국회의원도 놀란 국세청 신입 직원 선물, 김두관 '전 부처 모범사례'

01 동기부여의 정의와 중요성

인간의 욕구는 무한하며 행동의 근원이 된다. 인간은 일반적으로 어떤 목표를 달성하고자 하는 욕망에 의해서 동기부여가 이루어지고 이러한 동기부여는 환경과 달성하려는 목표, 집단의 형태와 크기, 리더의 역할, 구성원의 역할 등에 따라 달라진다(류재복, 2002). 인간이 이루고자 하는 성과와 목표 실현은 동기부여의 직접적인 결과라고 해도 결코 지나치지 않다. 또한 팀의 리더라면 구성원들이 좋은 성과를 내도록 동기부여 할 수 있는 능력을 갖추어야 할 뿐만 아니라, 자기 자신에게 동기를 부여할 수 있어야 한다.

동기부여는 "왜, 또는 어떤 심리적 과정을 밟아서 사람들이 더 열심히 노력하게 되는가?"를 연구하는 것이다. 동기부여(motivation)에 대한 정의를 살펴보면 다음과 같다.

- 동기부여는 목표를 향한 자발적인 행동을 이끌어내고(발생) 충동질하고(강화), 계속하게(지속) 하는 심리적 과정이다.
- 동기부여는 자발적 내지 적극적으로 책임을 지고 일을 하고자 하는 의욕이 생기게끔 하는 것으로, 상사가 구성원들로 하여금 목표 달성을 위한 행동을 유발시키는 과정이라고 할 수 있다.
- 동기부여는 조직원의 목표 지향 행위를 유발, 강화시키는 심리적 내용과 과정을 이해하고 가용한 관리수단들(예: 승진, 고과, 칭찬, 금전적 보상 등)을 동원하여 그러한 심리적 상태가 유지되도록 관리하는 것이다.

동기는 감정, 욕망, 열정, 태도, 관심, 신념, 흥미와 같은 현상들을 포함하며 이는 이성과 합리성과는 별개로 정서적이고 비합리적인 측면을 보여준다. 또 동기는 시간의 경과나 상황의 변화에 따라 동기요인과 동기수준이 변화하고, 개인에 따라서도 동기요인이 다르게 나타난다. 현대의 동기부여 이론은 '동기가 높으면 성과가 높다'는 강력한 가정에 기반하여 성과 달성을 위한 리더의 주요 역할로 인식된다.

따라서 동기부여는 다양한 결과를 창출하는 노력의 과정에 적절한 동기를 부여함으로써 보다 적극적이고 고차원적인 노력을 이끌어내는 상황을 일컫는다. 이러한 개념을 조직, 보다 구체적으로는 기업의 환경에 결부시켜보면 개인의 성과에 따른 보상에 있어 급여의 인상이나 보너스 등의 성과급이 아닌 능력의 인정, 승진을 통한 책임 범위의 확대 등의 비급여보상을 이용하여 다음의 업무에 대해 더 큰 성과를 유도해 나갈 수 있다.

INTERPERSONAL COMPETENCY

02 동기부여 이론

우리는 인간의 행동을 파악하기 위해서 근본적으로 동기를 유발하는 것은 무엇인지, 동기를 유발하고 행동을 실천하는 과정은 어떻게 이루어지는지를 알아야 한다. 이런 인간 행동에 대한 연구를 '동기부여 이론'이라 한다(지선미, 2015).

동기부여는 매슬로우(Abraham Maslow)이론과 허즈버그(Frederick Herzberg)이론 등이 발표되면서 행동, 심리, 경영 분야 등 동기부여에 관한 연구가 여러 분야에서 진행되었고 지금까지도 활발히 연구되고 있다. 대표적 이론으로는 매슬로우의 욕구단계론으로 인간 욕구에 대해 다양한 인간의 행동 동기로서 욕구의 단계를 규정하는 데 큰 영향을 미쳤다. 그 뒤로 알더퍼(Clayton Alderfer)의 ERG이론과, 허즈버그(Herzberg)의 2요인이론, 맥클리랜드(McClelland)의 성취이론 등은 매슬로우(Abraham Maslow)의 욕구단계이론을 수정, 보완하는 이론들이다.

동기부여의 이론을 정리해보면 다음과 같다(권기제, 2011).

❙표 5-1❙ 동기부여 이론 비교

	Maslow	Herzberg	Alderfer	McClelland
고차원적 욕구	자아실현욕구	동기요인	성장욕구	성취욕구
	존경욕구			권력욕구
	소속감에 대한 욕구		대인관계욕구	친화욕구
저차원적 욕구	안전에 대한 욕구	위생요인	존재욕구	
	생리적 욕구			

출처: 권기제(2011).

1) 매슬로우의 욕구단계이론

1943년에 임상심리학자였던 매슬로우(Abraham Maslow)가 자신의 임상경험 관찰을 토대로 발표한 이론이다. 이는 인본주의적 입장에서 인간을 이해하고 인간의 자아 실천 과정을 하나씩 단계로 설정하여 단계별 자아실현을 위해서 행동동기로써 욕구를 설정하였다.

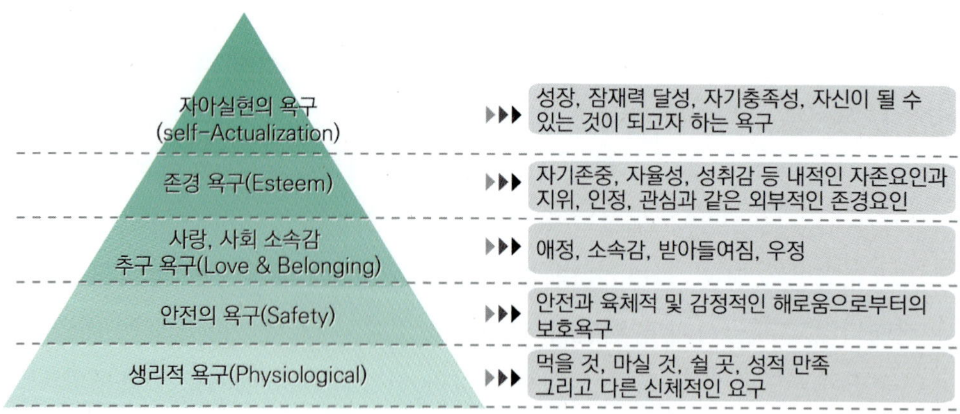

출처: 주삼환 외(2015). 교육행정 및 교육경영.

❙그림 5-1❙ 매슬로우의 욕구 5단계

첫째, 생리적 욕구는 의식주와 관련된 기본적 욕구로서 이것이 충족되지 않으면 생존하기 어렵다.

둘째, 안정의 욕구는 외부의 위협, 공격 등으로부터 자신을 안전하게 보존하겠다는 욕구로서, 고용과 경제적 안정성을 원하는 것이 대표적인 예이다.

셋째, 사회적 욕구는 소속과 애정의 욕구로서, 인간은 혼자 있기를 싫어하고 집단을 만들어 우정이나 애정을 교환하고자 하는 사회성에 바탕을 둔 욕구이다.

넷째, 자존의 욕구로부터 부, 명예, 사회적 지위, 권력 등을 통하여 다른 사람들로부터 존경받고자 하는 욕구이다.

다섯째, 자아실현의 욕구는 자기 발전을 지속하고 보다 창조적이 되고자 하는 욕구로서 자기완성의 욕구라고도 한다.

2) 알더퍼의 ERG이론

알더퍼(Clayton Alderfer)는 매슬로우의 욕구단계이론이 인위적 환경의 기능에 대한 포괄적인 개념과 위계적 특성을 고려한 것을 바탕으로 1969년 자신의 논문 「인간 욕구에 대한 새로운 이론의 실증적 연구」를 통해 매슬로우의 이론을 수정, 보완하여 확장시킨 ERG이론을 발표하였다.

첫째, E는 Existence의 머리글자이며 "존재욕구"를 뜻한다. 생리적 욕구나 안전욕구와 같이 인간이 자신의 존재를 확보하는 데 필요한 욕구이다. 또한 여기에는 급여, 부가급, 육체적 작업에 대한 욕구, 그리고 물질적 욕구가 포함된다.

둘째, R은 Relatedness의 앞글자로서 "관계욕구"이다 이것은 개인이 주변 사람들(가족, 감독자, 하급자, 친구 등)과 의미 있는 인간관계를 형성하고 싶어 하는 욕구이다.

셋째, G는 Growth의 첫 글자이며 "성장욕구"이다. 매슬로우의 자존욕구와 자아실현 욕구를 포함하는 것으로서 개인의 잠재력 개발과 관련되는 욕구이다.

3) 허즈버그의 2요인이론

허즈버그(Frederick Herzberg)의 2요인(two-factor)이론(또는, 동기-위생이론)은 1950년대 말 직무만족, 직무태도, 그리고 직무성과 등에 대한 연구결과들을 종합적으로 검증한 뒤, 그 결과를 토대로 제시되었다.

허즈버그는 만족과 불만족을 동일한 개념의 양극으로 보지 않고, 두 개의 독립된 개념을 보고 있다([그림 5-2] 참조). 따라서 만족의 반대는 불만족이 아니라 만족도가 영인 상태이며, 마찬가지로 불만족의 반대도 만족이 아니라 불만족이 영인 상태라는 것이다. 그는 직무만족에 영향을 미치는 요인들을 동기요인(motivators)이라 하였고, 직무불만족에 영향을 미치는 요인들을 위생요인(hygiene factors)이라 하여 '2요인이론'이 탄생되었다.

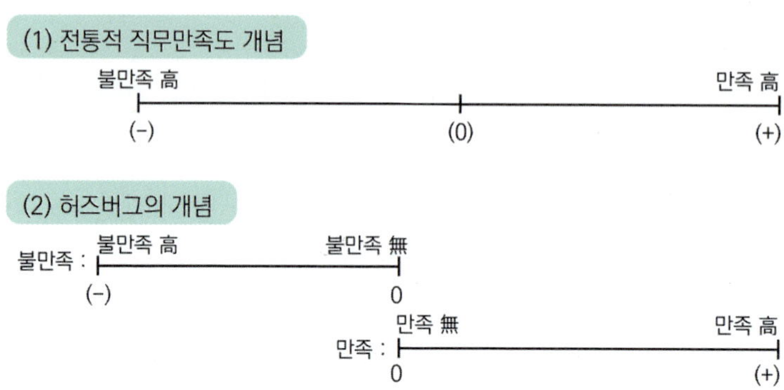

❙그림 5-2❙ 허즈버그의 직무만족 개념

동기요인과 위생요인들에서 보듯이 동기요인들은 주로 직무 자체 또는 개인의 정신적·심리적 충족(성장)에 관련되는 요인들로 달성, 인정, 일 그 자체, 책임, 승진 등이 있다. 반면에 불만족 요인(위생요인)은 직무 외적인 요인들로 회사의 정책과 관리, 감독, 임금, 대인관계, 직업조건 등이 있다. 이러한 직무환경요인들은 근로자가 느끼는 불만을 방지하기 위한 노력의 대상이 되므로 예방적, 위생적 의미를 가진다.

| 표 5-2 | 위생요인과 동기요인

위생요인들	동기요인들
직무와 관련된 다음 요인들은 아무리 호의적이더라도 불만족은 줄이지만 만족도를 높이지는 못한다.	직무수행을 통하여 다음 요인들을 많이 얻을수록 만족도가 높아지며 그럴 때 성과가 높아진다.
• 급여 • 기술적 감독 • 회사의 정책과 행정 • 하급자와의 인간관계 • 동료와의 인간관계 • 작업조건 • 개인생활 요소들 • 직위 • 직장의 안정성	• 성취감 • 칭찬이나 인정을 받을 수 있는 기회 • 직무 자체가 주는 흥미 • 성장 가능성 • 책임감 • 직무의 도전성 • 발전성(승진)

4) 맥클리랜드(McClelland)의 성취이론

맥클리랜드(McClelland)는 모든 사람들이 공통적으로 비슷한 욕구 계층을 갖고 있다고 주장한 매슬로우 이론을 비판하며 욕구는 '학습되는 것'으로 개인마다 차이가 존재한다고 주장하였다. 따라서 그는 개인의 욕구 유형을 성취욕구, 권력욕구, 친교욕구가 존재한다고 보았다. 맥클리랜드가 말하는 세 유형은 다음과 같다.

첫째, 성취욕구는 목표를 달성하기 위해 높은 기준을 세우고 성공에 대한 강렬한 희망을 갖는 욕구이다.

둘째, 권력욕구는 타인의 행동에 영향력을 행사하려는 욕구이다. 권력욕구가 높은 사람은 일반적으로 리더가 되길 바라며 강압적이고 완고한 편이다.

셋째, 친교욕구는 사람들과의 관계를 중시하는 욕구로, 유쾌한 사회적 관계유지에 관심을 갖고 사람들에게 친밀감과 유대감, 이해감을 느낀다.

03 동기부여의 전략

리더는 조직원들이 금전적인 보상이나 혜택, 승진 등에 의해서만 동기를 부여받을 것이라는 단순한 생각으로 그들을 대해서는 안 된다. 물론 이러한 외적인 동기유발 기제가 일시적으로 효과를 낼 수도 있다. 하지만 이 같은 외적 보상은 단기간에 좋은 결과를 가져오고 직원들의 사기를 끌어올릴 수 있지만, 그 효과는 오래가지 못한다. 즉, 금전적인 보상이나 스톡옵션과 같은 외적인 동기유발 기제는 조직원들에게 매력적인 혜택일 수 있지만, 그들이 지속적으로 최선을 다하도록 동기를 부여하는 데는 충분하지 않다는 뜻이다.

1) 동기부여의 방법

마케팅 분야에는 정신적인 보상의 뜻을 지닌 심리적 소득(psychic income)이라는 용어가 있다. 심리적 소득이란 단순히 금전적인 가치뿐 아니라 소비에 따르는 심리적인 가치 증가 부분도 포함하는 것인데, 보상 측면에서도 동일한 방식으로 적용할 수 있다. 금전적 보상이 제공할 수 없는 감동을 남길 수 있는 비금전적 보상수단을 통해 종업원들이 조직에 몰입하고 더 열정적으로 일할 수 있는 분위기를 연출할 수 있다.

(1) 감사와 인정

A는 Acknowledgement로 감사와 인정이다. 경영자와 종업원의 관계를 주종관계로 보는 것이 아니라 파트너로 인정함으로써 항상 감사하고 있다는 태도를 보여주는 것이다. 긍정적 강화는 목표 달성을 높이 평가하여 조직원에게 곧바로 보상하는 행위를 말한다. 긍정적 강화법은 조직원들의 동기를 부여하는 데 더없이 효과적이다. 높은 성과를 달성한 조직원에게는 곧바로 따뜻한 말이나 칭찬으

로 보상해주는 것이 필요하다. 힘을 북돋아 주는 데 좋은 표현을 최소한 20가지 정도 만들어 두자.

(2) 일과 생활의 균형

B는 Balance of Work & Life, 즉 일과 생활의 균형을 의미하는데, 조직의 업무 못지않게 종업원들의 사생활도 존중해야 한다는 것을 의미한다.

(3) 기업문화

C는 Culture, 즉 기업문화로 조직원 누구라도 자유롭게 자신의 의견과 아이디어를 말할 수 있어 원활한 사내 의사소통이 이루어지는 분위기를 만들어주는 것을 의미한다. 아울러 다음과 같은 문화를 형성하도록 노력한다.

① 변화를 두려워하지 않는다.

'안전지대(Comport Zone)'란 모든 것이 친숙하고 위험요소가 전혀 없는 편안한 상황을 의미한다. 더욱 높은 목표를 달성하고자 한다는 것은 이러한 안전지대를 떠난다는 것을 의미한다. 그것은 위험을 감수한다는 말과 같다.

변화에 대한 두려움으로 리더나 구성원들 모두 정신적 고통에 직면할 수도 있다. 그럼에도 불구하고 리더는 부하직원들이 안전지대에서 벗어나 더욱 높은 목표를 향해 나아가도록 격려해야 한다. 위험을 감수해야 할 이유가 합리적이고 목표가 실현 가능한 것이라면 직원들은 기꺼이 변화를 향해 나아갈 것이며, 위험을 선택한 자신에게 자긍심을 가지며 좋은 결과를 이끌어내고자 지속적으로 노력할 것이다.

② 책임감으로 철저히 무장한다.

자신의 잘못에 대한 책임을 다른 직원에게 전가하는 직원처럼 리더를 화나게 하고 좌절하게 하는 것은 없다. 직원들이 자신의 실수나 잘못에 대해 책임은 지지 않고, 오히려 다른 직원들에게 책임을 전가하는 일이 지속된다면 팀의 근무

환경은 현저히 나빠지게 마련이다. 있는 그대로 솔직하게 커뮤니케이션할 수 있는 분위기를 만들고, 직원들이 현실적인 목표를 세워 자신의 업무에 책임을 닿도록 격려한다면 이러한 습관은 완전히 없어질 것이다.

자신의 업무에 책임을 지도록 하는 환경 속에서 일하는 직원들은 오히려 자신의 위치에서 안정감을 느낄 뿐 아니라 자신의 의미 있는 일을 하고 있다는 긍지를 가진다. 또한 어떤 어려움이든 극복하겠다는 의지가 강하며, 달성 가능한 목표점을 계속해서 높여간다. 이러한 팀에서는 리더와 부하직원들이 의기투합해 의사결정과 문제해결방법을 함께 찾아간다.

③ 창의적인 문제해결법을 찾는다.

직장생활 중 자유롭게 의사결정을 하지 못하고 자신의 소신대로 업무를 진행하지 못할 경우, 조직원들은 자칫 피해의식에 사로잡혀 사사건건 다른 조직원들을 비난할 수도 있다. 창의적인 문제해결법은 조직원들이 자신의 실수나 잘못에 대해 스스로 책임지도록 동기를 부여한다. 리더는 조직원이 문제를 해결하도록 지도하고 개입할 수는 있지만, 실질적인 해결책만큼은 조직원 스스로 찾도록 분위기를 조성해주는 것이 바람직하다.

(4) 개인의 성장이나 경력개발 기회를 제공

D는 Development인데 이는 개인의 성장이나 경력개발 기회를 제공하는 것으로 유능한 인재일수록 성장욕구가 더 크다는 점에서 종업원의 성장을 지원하는 시스템이 갖추어져 있느냐가 중요한 요소이다. 코칭과 교육, 그리고 도전기회 제공은 직원의 능력과 잠재력을 계발할 수 있는 주요한 방법이다.

① 코칭을 한다.

코칭은 문제 및 업무의 진척 상황을 직원들과 함께 살피고, 업무수행에 대한 지원을 아끼지 않으며, 업무지도 및 칭찬 격려 등의 활동을 하는 것이다. 코치는 직원 자신이 목적의식과 권한을 가지고 있는 중요한 사람이라는 사실을 느낄 수 있도록 이끌어주어야 한다. 또한 직원들이 자신만의 장점과 성공 전략을 활용할 수 있도록 적극 도와야 한다.

② 지속적으로 교육한다.

업무수행에 필요한 전문성이 부족하다며 자포자기하는 직원처럼 리더를 맥 빠지게 하는 사람도 없을 것이다. 따라서 리더는 직원들에게 지속적인 교육과 성장의 기회를 제공함으로써 직원 자신이 상사로부터 충분히 인정받고 있으며 일부 권한을 위임받았다고 느낄 수 있도록 동기를 부여해야 한다. 팀원들 개개인이 자신의 능력에 확신을 가진다면 팀의 업무 성과는 몰라보게 좋아진다.

③ 새로운 도전의 기회를 부여한다.

환경 변화에 따라 조직원들에게 새로운 업무를 맡을 기회를 준다면, 팀에는 발전과 창조성을 고무하는 분위기가 자연스럽게 조성된다. 즉, 조직원들은 매일 해왔던 업무와 전혀 다른 일을 하면서 새로운 도전이 주는 자극과 스릴감을 톡톡히 맛볼 것이다. 나아가 자신의 능력을 인정받았다는 뿌듯함과 성취감을 느끼며, 권한을 가지게 되었다고도 생각한다.

(5) 근무환경

E는 Environment, 근무환경에 관한 것으로 근무 장소의 입지나 분위기가 중용한 비금전적 보상의 요소라는 것이다. 출퇴근이 편리하고, 청결하고 쾌적한 사무실, 잘 설계된 장비나 설비와 같은 것들로 예로 들 수 있다.

(6) 제도 규범 규칙의 명확화

F는 Frame으로 회사가 지향하는 행동 양식이 구체적이고 명확하게 명시되는 것을 의미하는데, 성과를 내기 위해서 누가, 무엇을, 어떻게, 언제까지 해야 하는가를 정확하게 보여주는 것이 또 하나의 비금전적 보상이라 할 수 있다.

활동 1 동기부여 방법

다음 상황에서 당신이라면 어떻게 대처할지 나름의 생각을 적어보시오.

상황 1

팀의 프로젝트 진행에 문제가 생겨서 일정이 지연되고 있다. 팀원인 미숙은 프로젝트를 일정 안에 끝내기 위해 밤늦게까지 일에 매진하고 있다. 그녀는 조금도 불평하지 않은 채, 최선을 다해 프로젝트를 수행하고 있다. 그녀의 노력에 힘입어 프로젝트는 예정된 일정대로 무사히 마무리되었고, 기대 이상의 좋은 결과도 얻었다. 당신은 어떻게 행동할 것인가?

....

....

....

....

....

상황 2

미라의 업무 속도가 점점 나빠지고 있다. 그녀는 업무에 눈곱만큼도 관심이 없는 것 같고, 업무 자체를 지겨워하는 것처럼 보인다. 당신은 이 상황을 어떻게 해결할 것인가?

....

....

....

....

....

상황 3

상택은 부서에서 최고의 성과를 올리는 영업사원으로 명성이 자자하지만, 서류 작업을 정시에 마친 적이 한 번도 없다. 그가 서류 작업을 지체하기 때문에 팀 전체의 생산성에 차질이 빚어지고 있다. 당신은 이 상황을 어떻게 해결할 것인가?

상황 4

기용은 2년간 당신의 부하직원으로 일했는데, 업무능력이 대단히 뛰어났다. 최근 들어 당신은 그에게 회사 뉴스레터를 새로 디자인하라고 지시했는데, 결과물은 의외로 좋지 않았다. 깔끔하지 못했고 아마추어 분위기가 심하게 났다. 당신은 이 상황을 어떻게 해결할 것인가?

출처: 한국산업인력공단(2016). 대인관계능력 학습자용 워크북.

활동 2 나는 어떻게 이들에게 동기부여 할까?

내용	답안
상황1	
상황2	
상황3	
상황4	

학습성찰

이번 주 학습한 내용 중 본인의 생활에 적용 가능한 내용과 적용계획을 작성해 보시오.

평가내용	자가진단				
	1	2	3	4	5
동기부여에 대해 설명할 수 있다.					
동기부여 이론에 대해 설명할 수 있다.					
동기부여 전략에 대한 아이디어를 제시할 수 있다.					

내용	답안
학습내용에 대해 새롭게 발견한 점	
학습내용에 대해 느낀 점	
학습내용 중 본인의 생활에 적용 가능한 점	
적용계획 (구체적으로 작성)	
기대효과	

CHAPTER 06

변화관리 능력

INTERPERSONAL COMPETENCY

세부목표

직장생활 중 조직구성원들의 업무향상을 위하여 주도적으로 변화를 이끌 수 있는 능력을 기를 수 있다.

일반목표

1. 변화관리 능력의 개념과 중요성을 설명할 수 있다.
2. 성공적인 변화관리 전략을 설명할 수 있다.

주요용어

변화관리, 성공적인 변화관리 전략, 미래에 대한 설계

미리보기

변화는 세 가지 미래를 가져온다. 첫 번째는 현재와 비슷하지만 조금 더 발전된 미래이고, 두 번째는 현재보다 더 퇴보하거나 나빠진 미래, 마지막 세 번째는 지금과는 전혀 다른 패러다임이 통용되는 미래이다. 변화는 현재의 시각에서 다루어지는 영역이지만 어떤 방식으로 접근하고 대처하는가에 따라 미래는 달라진다. 변화 앞에서 두려움을 극복하고 위기와 갈등을 잘 예측하여 개인과 조직이 성장하게 만드는 변화관리 능력이 오늘날 중요한 이유다.

01 변화관리의 정의와 중요성

1) 변화관리의 정의

변화란 세상에 존재하는 물체의 형상, 성질 등의 특징이 달라지는 것을 말한다. 특징이 강해지거나 약해지는 것, 혹은 새롭게 되는 것, 즉 시간이 흘러감에 따라 어떤 것이 과거의 상태에서 벗어나 현재의 상태가 되고 미래의 상태로 다시 달라지는 것을 의미한다. 조직의 변화이론에는 레빈(Lewin)의 3단계로 설명하였다. 먼저, 변화란 시스템의 행동을 안정적으로 유지하는 힘이 바뀌는 것이라고 하였다. 원하는 미래 상태로 나아가기 위해서는 현재 힘이 이루고 있는 균형을 깨드려서 원하는 상태로 이동한 다음 그 지점에서 균형을 유지해야 한다고 변화의 과정을 설명하였다. 그는 변화과정을 해빙(unfreezing), 변동(moving), 재결빙(refreezing)의 3단계로 보았다.

해빙 → 변동 → 재결빙

(1) 해빙단계

해빙단계는 변화의 필요성을 인지하는 단계이다. 그리고 미래에 필요한 가치, 태도 및 행동을 위해서 현재 사용하는 것들의 강도를 감소시킴으로써 현상을 교란시킨다. 해빙의 근본적인 목적은 변화의 필요성과 동기를 유발하고 개인 또는 집단이 변화를 위한 준비를 갖추도록 하는 데 있다. 변화의 필요성을 강조하기 위하여 개인이 갖고 있는 힘을 재편성하여 변화를 준비하는 과정이다. 이 해빙

과정에서는 개인에게 익숙한 관습, 풍습, 및 전통, 즉 일을 처리하는 낡은 방식을 무너뜨리고 새로운 행동양식을 받아들이기 위한 준비를 하는 과정이다.

(2) 변동단계

변동단계는 새로운 가치, 태도, 행동의 개발을 통해 구체적으로 변화가 발생하는 활동 지향적 단계이다. 일단 해빙단계에서 변화 인지가 이루어지면 개인은 변화에 대한 동기부여가 나타나 새로운 행동패턴을 받아들일 준비를 하게 된다. 이 과정은 동일시(identification)와 내면화(internalization)에 의해 나타난다. 변동단계는 행태, 과업, 기술 및 구조를 변경함으로써 변화를 실행하는 단계이다.

(3) 재결빙단계

재결빙에서는 일어난 변화를 안정시키는 단계이다. 변동에서 일어난 변화 상태가 유지 지속되어 현상으로 나타나는 것을 말한다. 즉, 새로이 나타나는 행동이 개인의 인지, 성격과 같은 정서부분과 함께 정형화되어 굳어지는 과정을 재결빙이라 한다.

2) 변화관리의 필요성

변화관리는 조직에서 변화를 다루는 분야를 말한다. 레빈은 변화관리의 목표는 조직의 현재 상태에서 변화에 소용되는 기간과 노력을 최소화하고, 조직구성원들의 저항을 최소화하며 미래의 목표를 최대화하는 것이라고 하였다. 조직은 고정적이고 정태적인 실체가 아니기 때문에 변화를 필요로 하고 변화를 통해 성장할 수 있다. 이 과정에서 조직은 내·외에서 갈등을 겪을 수 있으며 위기에 처하기도 한다. 그렇다면 변화는 왜 일어나는 것이며 위기와 갈등을 동반하여 조직이 성장하게 만드는 변화는 좋은 것인가 살펴보자.

(1) 무엇이 변화를 일으키는가?

빠른 속도로 과학기술이 발전하면서 세계는 하루가 다르게 변하고 경쟁이 치열해지고 있다. 이러한 경쟁에서 살아남도록 외부에서 자극을 주는 것으로부터 변화는 시작된다. 변화는 가히 역동적이다. 조직 내부에서는 위에서 아래로 이루어지며, 지위 고하를 막론하고 조직의 구성원 모두에게 영향을 미친다.

(2) 변화가 왜 필요한가?

조직과 개인 모두 현재의 자리에 안정적으로 머물러 있다는 생각은 환상에 가깝다고 할 수 있다. 변화는 더디게 일어날 수도 있으며 그날그날의 변화를 일일이 알아차릴 수 없지만 변화가 일어나고 있다는 사실만은 부인할 수 없다. 변화는 발전을 더욱 가속화 한다.

(3) 변화는 모두 좋은 것인가?

한마디로 말하면 그렇지 않다. 변화를 단행하기 전에 반드시 현재의 상황과 변화와 관련되는 사항들을 면밀히 검토해야 한다. 이렇게 단계적으로 진행해 가면 변화함으로써 서둘러 실패를 초래하는 위험을 막을 수 있으며 조직의 구성원들은 변화를 자신의 일처럼 생각하게 된다.

사례 1 변화관리에 실패한 DEC와 노키아

DEC는 1990년대 초까지 컴퓨터 업계에서 IBM 다음으로 세계 두 번째 규모의 초우량 기업이었다. 당시 컴퓨팅 기술은 대형 컴퓨터에서 개인용 PC로 급격히 변화하고 있었다. 소수 전문가의 전유물인 대형 컴퓨터 위주의 시장에 개인용 PC라는 혁신적인 기술 변화의 파고가 몰려오고 있던 것이다. MIT 출신의 컴퓨터 엔지니어로 회사의 설립자이자 CEO인 켄 올슨(Kenneth Olson)은 기존 기술의 성공에 빠져 새로운 기술로 이행하고 있는 시장의 변화에 둔감했다. 기술변화의 쓰나미가 몰려오고 있는데도 공룡은 위기의식을 느끼지 못했다. 대형 컴퓨터 중심의 경영 문화나 기술 인력은 PC기술의 진보를 경시했다. 소위 전문적 기술 집단인 컴퓨터 엔지니어들은 대형 컴퓨터 기술에만 집착해 PC를 컴퓨터로 보지 않고 장난감처럼 얕잡아 봤다.

그러나 PC기술은 하루가 다르게 발전했고 시장은 빠르게 PC가 장악하게 됐다. CEO의 위기의식 부재와 조직의 저항으로 결국 DEC는 PC중심의 컴퓨팅 시대에 뒤처지고 말았다. 1997년 DEC는 PC기업인 Compaq Computer사에 M & A 당해 40년 역사의 종말을 맞았다. 노키아의 경우도 피처폰(Feature Phone) 휴대전화의 성공에 취해 스마트폰으로의 패러다임 변화를 감지하지 못하고 과거를 답습하다가 망한 것으로 잘 알려져 있다. 2000년대 중반까지 노키아는 세계 휴대전화 시장의 40%를 차지하는 절대강자였다.

그러나 2007년에 시장에 나타난 애플의 아이폰은 휴대전화의 패러다임을 바꾸고 있었다. 바야흐로 휴대전화는 덤폰(Dumb Phone)에서 똑똑한 스마트폰으로 변한 것이다. 기존 피처폰 시장에서 성공했던 노키아는 스마트폰이 급성장해 대중화되고 있다는 사실을 2009년까지도 실감하지 못했거나 무시했다. 새로운 패러다임이 시장을 주도하기 시작한 2009년과 2010년에도 기존 제품의 생산에 매달렸다. 뒤늦게 오픈 소스 기반의 운영체제인 심비안을 개발하며 스마트폰으로 전환하려 했지만 이미 타이밍을 놓쳤다. 위기의식의 부재와 패러다임 변화에 저항하는 비대조직의 관성으로 제때 변화와 혁신을 이루지 못한 노키아는 급격히 추락했다. 결국 변화를 가로막는 승자의 저주는 피처폰의 왕국 노키아도 무너뜨렸다.

출처: 이규형(2018). OUTSIGHT조직경영연구소 HR매거진.

사례 2 변화관리에 성공한 삼성

변화관리에 성공해 세계적 기업으로 우뚝 선 기업이 있다. 1987년의 삼성은 그룹 전체의 시가총액이 1조에 불과한 초라한 국내기업이었다. 그룹 총수에 취임한 이건희 회장은 그룹의 위기상황을 직원들에게 알리고 세계적인 명품 제품을 생산하기 위해 변화와 혁신을 주장했다. 하지만 수년이 지나도록 기대한 수준의 변화는 이뤄지지 않았다. 휴대폰 시장에서 삼성제품은 품질 문제로 어려움을 겪고 있었다. 원하는 만큼 품질이 개선되지 않았다. 변화에 대한 저항을 극복하기 위해 이 회장은 극단적인 처방을 내렸다. 1995년 150억 원 상당의 무선전화기 15만 대를 삼성전자 직원들이 보는 가운데 화형식을 치른 것이다. 심지어 '마누라와 자식 빼고 모두 바꾸라'며 변화를 요구했다. 순혈주의 인사정책을 포기하고 외부의 인재를 적극 받아들였다.

삼성은 변하기 시작했다. 변화와 혁신에 대한 리더의 의지, 위기의식을 공감하고 변화에 동참한 직원들은 기적 같은 결과를 만들어 냈다. 삼성의 반도체, 스마트폰, 가전제품은 세계시장의 최고 제품으로 자리매김했고, 삼성은 한국을 넘어 세계적인 기업으로 우뚝 섰다. 2017년 삼성그룹의 시가총액은 460조 원을 넘고 브랜드가치는 세계 6위, 삼성전자만의 매출이 201조 원(2016년 기준)에 달하는 글로벌 기업으로 탈바꿈한 것이다.

기업이 변하지 않으면 안 되는 원인과 성공적인 변화관리 전략은 무엇인가? 기업조직을 둘러싼 내외의 환경은 늘 변화한다. 변화하는 환경은 기업조직으로 하여금 변화에 적응할 것을 요구한다. 변화할 것인가 아니면 도태될 것인가. 선택지는 이렇게 좁혀져 있다. 기업은 변화하는 환경에 적응해야 살아남는다. 적자생존의 원리는 시장이란 정글에도 작용한다. 변화에 적응하는 것은 기업의 생존을 위해 피할 수 없다.

출처: 이규형(2018). OUTSIGHT조직경영연구소 HR매거진.

02 성공적인 변화관리를 위한 전략

1) 변화관리의 단계

효과적으로 변화에 대처하는 최상의 방법은 적극적으로 자기 자신을 변화시키는 것이다. 인센티브도 없는데 행동을 변화시키고자 하는 사람은 없을 것이다. 따라서 변화에 잘 대처할 경우 생기는 이익을 확인하도록 한다. 그 후 변화가 있기 전 상황으로 돌아가고자 하는 유혹을 받는다면, 현재의 상황이 힘든 것을 생각하는 대신 변화가 가져올 결실에 초점을 맞추어야 한다(한국산업인력공단, 2016).

① 변화관리 1단계 : 변화를 이해하기

리더는 변화에 대처하려는 직원들을 어떻게 도울 것인가를 고민하기에 앞서, 변화와 관련한 몇 가지 공통 기반을 마련하고 변화 과정에 어떤 것들이 있는지를 파악해야 한다. 먼저, 변화의 실상을 정확히 파악한 다음 익숙했던 것들을 버리는 데서 오는 감정과 심리적 상태를 어떻게 다룰 것인가에 대해 심사숙고해야 한다. 변화관리에서 변화를 다루는 방법만큼 중요한 것은 없다.

② 변화관리 2단계 : 변화를 인식하라

변화가 일어나면 모든 직원들이 눈치를 채기 마련이다. 이들은 변화에 대한 소문이 돌거나 변화 내용에 대한 설명을 하기도 전에 그것을 알아차린다. 불확실하고 의심스러운 분위기가 조성되면 직원들은 두려움과 스트레스 시달리며, 사기는 땅으로 떨어진다. 그러므로 리더가 할 수 있는 최고의 결정은 직원들에게 변화와 관련된 상세한 정보를 제공하는 것이다. 무엇보다 직원들 자신이 변화를 직접 주도하고 있다는 마음이 들도록 이끌어야 한다. 사람은 누구나 자신의 능력을 발휘하는 데 도움이 되는 아이디어 및 변화에 열정적으로 대응한다.

③ 변화관리 3단계 : 변화를 수용하라

변화를 받아들이도록 이끄는 방법은 다양하다. 변화를 바라보는 리더의 자세, 변화에 동기를 부여하는 행위, 변화에 필요한 행동 등은 직원들을 변화시키는 데 상당히 중요하다. 직원들은 리더가 자신들이 모르는 것을 알려주는 한편 긍정적이고 신뢰하는 태도로 대한다고 느낄 때, 리더의 방식을 신뢰하며 따른다. 그러므로 리더는 왜 변화가 일어나야 하는지를 직원들에게 상세하게 설명하고, 변화를 위한 직원들의 노력에 아낌없이 지원해야 한다.

부정적인 행동을 보이는 직원은 개별 면담을 통해, 늘 관심 있게 지켜보고 있다는 사실과 언제든지 대화를 나눌 수 있다는 점을 주지시킨다. 자신에게 관심을 가져주고 고민을 말할 수 있다는 사실에 직원들은 마음이 편해질 것이다.

변화에 스스로 대처하려는 직원들에게도 도움을 주어야 한다. 이런 직원들에게는 '인간은 자기실현적 예언자'라는 점을 인식시키면 좋다. 자기 자신에게 긍정적인 말을 함으로써 성공을 불러오는 경우도 많기 때문이다. 스스로 동기를 부여하도록 '나는 할 수 있다'와 같은 신념이 담긴 말을 들려준다면, 변화와 성공의 가능성이 더욱 높아진다.

무엇보다도 직원들과 수시로 커뮤니케이션하는 것이 중요하다. 정기적인 회의를 하고, 변화에 대한 직원들의 반응을 계속 주지한다. 규모에 관계없이 변화는 적어도 부서의 소수의 직원에게 영향을 미치게 마련이다. 시간을 내어 변화와 관련해 자주 논의하고, 직원들이 자신의 생각이나 제안을 직접 말할 수 있는 분위기를 만드는 데 최선을 다하는 것이 중요하다.

2) 변화관리를 위한 전략

인생은 일련의 변화의 과정이다. 학업과 입시, 진학, 구직과 취업, 업무 스트레스, 질병 등 우리의 삶에 수많은 변화상황을 맞이할 수 있다. 사람마다 변화를 인식하는 것이 주관적인 것처럼 어떻게 바라보느냐에 따라 변화는 위기가 될 수도 있고 반대로 기회가 될 수도 있다. 지금까지 위기는 누군가에게는 항상 기회를 가져왔다. 변화를 기회로 만들기 위해서는 전략적으로 대처할 필요가 있다. 자신의 현재 위치에서 맞이하는 변화의 상황들에 대하여 효과적으로 대처하기 위한 전략을 살펴보자.

① 객관적인 정보를 근거로 변화를 이해하라.

우리가 이 변화를 활용해야 할 이유는 무엇인지, 이 변화가 언제 일어날 것인지, 어떻게 이 변화를 다룰 것인지, 다른 사람에게 이 변화는 무엇을 의미하는지, 이 변화는 어떤 사람에게 영향을 미치는지 다양한 측면에서 정보를 수집하고 이를 근거로 변화를 이해하여야 한다.

② 변화에 대처하는 속도를 높여라.

변화에 대한 인식과 이해가 되었다면 신속히 대응할 필요가 있다. 불필요한 절차와 과정을 생략하고 정확한 정보를 바탕으로 신속한 의사결정을 통해 행동으로 옮기는 것이 중요하다.

③ 자기 자신을 책임져라.

현대는 자기경영의 시대라고 할 수 있다. 우리는 스스로 자신의 경력, 자기계발, 업무혁신, 사기를 관리해야 한다. 누구도 변화에서 자유롭지 않다. 새로운 기술을 습득하고 남보다 열심히 변화에 적응하려는 노력을 기울이며 새로운 역할과 기회에 대한 준비를 해야 한다.

④ 상황을 올바로 파악하여 제어할 수 있고 타협할 수 있는 부분을 정해라.

변화를 인정하지 않느라 시간을 허비해서는 안 된다. 또 현실적으로 변화할 수 있는 것과 그렇지 못한 것들을 구별할 수 있는 지혜를 가져야 한다.

⑤ 가치를 추구해라.

변화에 대처하면서 손실보다 기여를 많이 하도록 노력해라. 변화를 회피하면서 현재 지위를 유지하는 것보다 기여할 부분이 무엇인지 생각하는 것이다. 즉, 필요한 변화를 위해 기여할 부분을 찾아 행동하라.

⑥ 스트레스를 해소하라.

사람들은 변화 자체에 대한 두려움보다는 어떻게 변화에 대비해야 하는지 잘 몰라서 또는 준비 없이 변화에 맞설 때 스트레스를 받는다. 따라서 변화를 잘 관리하고 대처하기 위해서는 스트레스와 피로를 해소하는 회복탄력성도 중요하다.

⑦ 주변 환경의 변화에 주목하라.

새로운 트렌드와 이슈 등의 변화가 무엇인지 세심하게 살펴야 한다. 전공분야, 업무분야에서 어떤 변화가 일어나고 있는지 그 징후를 포착해야 한다. 새로운 트렌드를 파악하면 기존의 것을 수정하고 변형하여 적용할 수 있는 아이디어가 생기고 활용할 기회가 생긴다.

활동 1 변화관리 방법

1. 효과적으로 변화에 대처할 때 생기는 이점 중 자신에게 중요하다고 생각하는 것에 체크해 보시오.
   a. 직업안정
   b. 커리어 발전
   c. 자신의 '몸값' 향상
   d. 직업 만족도 향상

2. 각 이점에 대해서 좀 더 자세히 살펴보시오.
   a. (직업 안정) 우선 직장에서 직면하게 될 세 가지 변화를 적고, 그다음에 각 변화에 대한 적절한 대처방법을 적은 다음, 마지막으로 각 변화가 자신의 직업에 도움이 될 면을 적으시오.

가능한 변화	필요한 대처법	직업상 안전성
1)		
2)		
3)		

   b. (커리어 발전) 가까운 미래에 승진을 바란다면, 다음의 두 가지 질문에 답을 하세요.
   - 새로운 직위에서 당면하게 될 변화는 무엇인가?
   - 그러한 변화에 대처할 수 있는 능력이 있다는 것을 어떻게 보여줄 것인가?

   c. (자신의 '몸값' 향상) 오늘 이력서를 쓴다고 가정하면, 융통성과 창의성을 보여줄 만한 경력에는 어떤 것이 있는가? (예: 새로운 분야의 수업 듣기, 전직, 새로운 업무팀 소속, 수준 높은 전문과 과정 수료, 4명의 각기 다른 팀 리더 밑에서의 업무)

   d. (직업 만족도 향상) 다음 직업만족도의 요소들 중 변화에 잘 대처할 경우 얻을 수 있는 것들은 무엇인가?

   □ 스트레스 감소
   □ 시간 활용 개선
   □ 사기 진작
   □ 재미 증폭
   □ 생산성 향상
   □ 능률 향상
   □ 자신감 상승
   □ 팀에서 받는 존중 증대

출처: 한국산업인력공단(2016). 대인관계능력 학습자용 워크북.

활동 2

❖ 본인이 변화관리를 해야겠다고 생각하는 포인트는 무엇인가?

❖ 그것을 실천하기 위하여 무엇을 계획하고 행동으로 옮길 예정인가?

학습성찰

이번 주 학습한 내용 중 본인의 생활에 적용 가능한 내용과 적용계획을 작성해 보시오.

평가내용	자가진단				
	1	2	3	4	5
변화관리에 대해 설명할 수 있다.					
성공적인 변화관리를 위한 전략을 설명할 수 있다.					

내용	답안
학습내용에 대해 새롭게 발견한 점	
학습내용에 대해 느낀 점	
학습내용 중 본인의 생활에 적용 가능한 점	
적용계획 (구체적으로 작성)	
기대효과	

CHAPTER 07

갈등관리 능력

INTERPERSONAL COMPETENCY

세부목표

직장생활에서 조직구성원 사이에 갈등이 발생하였을 경우 이를 원만히 조절하는 능력을 기를 수 있다.

일반목표

1. 갈등의 의미를 설명할 수 있다.
2. 갈등의 유형을 구분할 수 있다.
3. 직장생활에서 발생한 갈등의 해결방법을 도출할 수 있다.
4. 직장생활에서 발생한 갈등을 윈-윈 갈등관리법으로 해결할 수 있다.

주요용어

갈등, 갈등해결, 윈-윈 갈등관리법

미리보기

목표를 달성하기 위해 노력하는 조직이라면 갈등은 항상 일어나게 마련이다. 갈등이 해결되지 않고 방치된다면 조직의 발전을 저해할 수 있지만, 잘 관리한다면 합리적인 의사결정을 이끌어낼 수 있다. 갈등의 원인을 파악하고 갈등의 영향을 받은 조직원들과 함께 문제를 능동적으로 해결하기 위해서는 갈등관리능력의 함양이 필수적이다.

01 갈등의 개념과 기능

인간이 모여 사는 사회에서 갈등은 불가피하게 일어난다. 우리는 사회에서 자기 자신과의 갈등뿐만 아니라 다른 사람과의 관계에서도 많은 갈등을 경험하면서 살아가고 있다. 갈등은 모두에게 많은 스트레스를 가져오지만 갈등을 견디고 참기보다는 그것을 극복하기 위해 노력하면서 새로운 해결책을 찾으면 개인의 성장을 가져올 수도 있고 조직의 변화를 가져올 수도 있다. 그렇다면 갈등이란 무엇인가?

1) 갈등의 개념

목표를 달성하기 위해 노력하는 팀이라면 갈등은 항상 일어나게 마련이다. 갈등이란 의견 차이가 생기기 때문에 발생하게 된다. 그러나 이러한 결과가 항상 부정적인 것만 아니다. 갈등은 새로운 해결책을 만들어주는 기회를 제공한다. 중요한 것은 갈등에 어떻게 반응하느냐 하는 것이다.

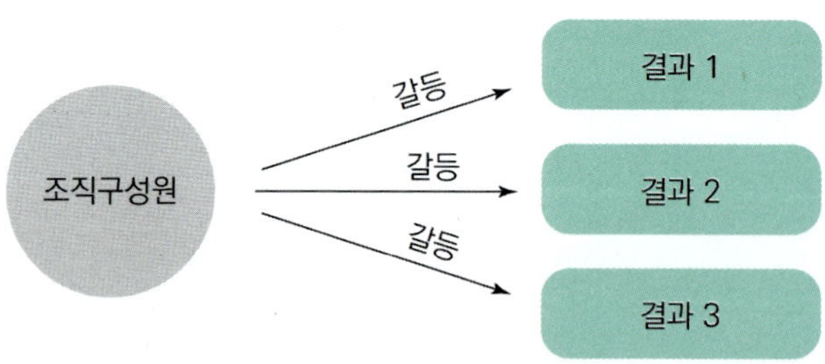

출처: 한국산업인력공단(2016). 대인관계능력 학습자용.

갈등이나 의견의 불일치는 불가피하며 본래부터 좋거나 나쁜 것을 말하는 게 아니라 인식하는 것이 중요하다. 갈등이 해결되지 않고 방치되면, 팀의 발전을 저해할 수 있다. 그러나 갈등을 관리한다면 갈등을 통해 합리적인 의사결정을 이끌어낼 수 있다. 결국 자신과 조직이 갈등을 어떻게 관리하느냐에 따라 결과는 달라진다.

활동 1 갈등의 개념

직장생활 중 혹은 일상생활 중 다른 사람들과 많은 갈등을 경험하였을 것이다. 아무리 관리가 잘되고 있는 조직이라 할지라도 많은 사람들이 섞여 있는 조직은 언제나 갈등이 일어날 소지를 가지고 있는 곳이다. 갈등에 대한 개인적인 생각을 적어보시오.

1. 갈등이란 무엇인지 각자의 생각을 적어보자.

2. 당신은 조직생활에 너무 몰두한 나머지 조직원 사이에 갈등이 존재하고 있다는 사실을 미처 깨닫지 못할 수도 있다. 그렇다면 조직원들 간에 갈등이 있다는 것을 확인할 수 있는 단서에는 어떠한 것들이 있을지 각자의 생각을 적어보자.

3. 갈등을 증폭시키는 원인으로 어떤 것이 있을지 각자의 생각을 적어보자.

출처: 한국산업인력공단(2016). 대인관계능력 학습자용.

(1) 갈등의 단서

당신은 우선 조직 내에 갈등이 존재하는지를 파악하고 깨닫는 일이 중요하다. 다음은 갈등을 파악하는 데 도움이 되는 몇 가지 단서들이다.

1. 지나치게 감정적으로 논평과 제안을 한다.
2. 타인의 의견발표가 끝나기도 전에 타인의 의견에 대해 공격한다.
3. 핵심을 이해하지 못한 데 대해 서로 비난한다.
4. 편을 가르고 타협하기를 거부한다.
5. 개인적인 수준에서 미묘한 방식으로 서로를 공격한다.

(2) 갈등은 어떻게 증폭되는가?

갈등을 관리하고 해소하는 방법을 보다 잘 이해하기 위해서는 갈등을 증폭시키는 원인이 무엇인지 알 필요가 있다. 다음에 세 가지의 일반적인 원인이 제시되어 있다.

1. 적대적 행동
   - 팀원들은 '승 · 패의 경기'를 시작한다.
   - 팀원들은 문제를 해결하기보다는 '승리하기'를 원한다.
2. 입장 고수
   - 팀원들은 공동의 목표를 달성할 필요성을 느끼지 않는다.
   - 팀원들은 각자의 입장만을 고수하고, 의사소통의 폭을 줄이며, 서로 접촉하는 것을 꺼린다.
3. 감정적 관여
   - 팀원들은 자신의 입장에 감정적으로 묶인다.

갈등을 즉각적으로 다루지 않는다면 나중에는 곪아 터진다. 갈등은 팀 성공에 즉각적으로 다루지 않는다면 나중에는 해결이 더 어려워진다. 결국 갈등은 조직을 해체하는 장애물이 된다. 그러나 갈등이 존재한다는 사실을 인정하고 해결을 위한 방안을 찾는다면, 갈등은 성공을 위한 하나의 기회로 전환시킬 수 있을 것이다. 당신이 갈등에 직접 관련된 팀원이든 갈등을 관찰하는 리더이든 갈등을 해결하고자 한다면 갈등이 존재한다는 사실부터 인정해야 할 것이다.

(3) 갈등의 기능

갈등이 일어나지 않으면 좋은 점도 많이 있지만, 반대로 구성원들 간에 무관심, 창의적인 아이디어의 결핍, 결정을 타인한테 넘기고, 업무에 대한 긴장감이 별로 나타나지 않는다. 이러한 결과는 환경변화에 적절히 대응하지 못하며 매너리즘에 빠져 혁신하지 못함으로써 좋지 못한 결과를 가져온다. 특히 과거에 별 어려움 없이 성장 및 발전하여 온 조직의 경우 환경변화에 대응하지 못하고 과거의 성공에 도취되어 어려움을 겪는 경우가 많이 발생할 수 있다. 이런 조직에서 갈등이란 곧 기존의 질서에 대한 도전을 의미하므로 건설적인 갈등조차도 용납하지 않는 문화를 갖는다. 반면에 지나치게 심한 갈등을 알고 있는 조직은 조직 내의 권력의 획득을 목적으로 한 분쟁, 혼란, 불만족, 팀워크의 상실 그리고 이직 등을 유발하여 조직의 성과를 떨어뜨리게 된다.

갈등이나 의견의 불일치는 대인관계에서 나타날 수 있고, 본래부터 좋거나 나쁜 것이 아니라는 점을 인식하는 것이 중요하다. 갈등이 해결되지 않고 방치된다면 팀의 발전을 저해할 수 있지만, 잘 관리한다면 갈등을 통해 합리적인 의사결정을 이끌어낼 수 있다. 갈등수준이 전혀 없거나 낮을 때에는 조직 내부는 의욕이 상실되고 환경변화에 대한 적응력도 떨어져 조직성과는 낮아지게 된다. 그러나 갈등수준이 적정할 때는 조직 내부적으로 생동감이 넘치고 변화 지향적이며 문제해결 능력이 발휘된다. 그리고 갈등수준이 너무 높으면 조직 내부적으로 혼란과 분열이 생기고 조직에 대해 잘 협조하지 않으려는 경향을 보인다. 그 결과 조직성과는 낮아지게 되고, 갈등은 역기능을 하게 된다. 적당한 갈등은 목표를 향한 적극적인 도전, 혁신과 변화, 문제해결 탐색, 창의성 증진, 환경변화에 대한 신속한 적응 등 조직에 오히려 긍정적인 결과를 가져다준다. 따라서 갈등은 효과적으로 관리하면 시너지 창출의 건강한 촉매 역할을 할 수 있다.

순기능적 갈등이란 조직의 목표 달성에 도움이 되고 조직성과를 높이는 데 큰 기여를 하는 필요한 갈등 형태이며, 반면에 역기능적 갈등은 조직의 성과를 저해하는 불필요한 갈등의 형태이다. 이와 같이 갈등에는 순기능적 갈등과 역기능적 갈등이 동시에 존재한다. 갈등의 효과적 관리가 중요한 이유이다.

02 갈등의 유형 및 갈등 핵심요인

갈등의 유형은 분류기준을 어디에 두느냐에 따라 다양하게 제시되는데, 여기서는 갈등의 유형을 갈등의 주체에 따른 분류, 갈등의 성격에 따른 분류, 갈등의 표출 여부에 따른 분류로 나누어 살펴보고자 한다(한국행정연구원, 2003).

1) 갈등의 주체에 따른 분류

(1) 개인갈등

개인갈등은 조직 내 두 사람 이상의 대인 간에 상대방을 이해하는 과정에서 오해, 의견 차이, 역할경쟁 등으로 인하여 발생하는 갈등을 말한다.

(2) 집단갈등

집단갈등은 조직 내 수직적 또는 수평적 계층 간에 발생하는 갈등으로 동일 조직 내 여러 집단이 유사기능을 가짐으로써 나타나는 갈등을 말한다. 대표적으로 라인 또는 스텝 집단 같은 조직 내 기능이 각기 다른 집단 간에 나타나기도 한다. 또한 목표, 지각, 제한된 자원, 평가기준과 보상체계, 참여적 의사결정 여부, 구성원들의 이질성, 지위신분상의 불일치, 역할불만, 의사소통의 왜곡 등이 갈등을 유발하는 원인이 된다.

최근 들어 집단갈등의 대표적인 예로 정부-주민 간 갈등을 들 수 있는데, 다양한 계층 및 성격을 지닌 공공기관의 업무수행 과정에서 영향을 받는 지역 주민이나 사회집단과 관련된 자치단체 간의 갈등이 있다. 이러한 갈등은 공동체적 이익과 발전을 생각하기보다는 자신만의 이익을 집단적인 힘으로 관철시키려는 집단갈등 현상이 지방자치제 실시 이후 본격적으로 나타나고 있는 것이 그 원인이라 할 수 있다.

(3) 조직 갈등

조직 갈등은 조직목표를 성취하는 데 필요한 자원과 편의 등을 둘러싼 배분문제를 두고 조직 간에 나타나는 갈등을 말한다. 조직 갈등의 대표적인 예로 정부부처 간의 갈등을 살펴볼 수 있다. 정부부처 간의 갈등은 수직적, 수평적 갈등으로 구분되는데, 수직적 갈등은 중앙정부와 광역자치단체, 중앙정부와 기초자치단체, 광역자치단체 간 갈등이 있다. 수평적 갈등으로는 중앙 정부부처 상호 간의 갈등, 광역자치단체 상호 간의 갈등과 같은 동급의 지방자치단체 상호 간의 갈등을 말한다.

2) 갈등의 성격에 따른 분류

(1) 이익갈등

이익갈등이란 갈등에 관련된 이해당사자들이 사회경제적 이익을 지키거나 추구하기 위해 대립하는 갈등으로 대부분 토지이용, 시설입지, 관리에 있어 관련 지역 주민 간 혹은 지역 간 비용과 편익배분에 대한 이익의 대립으로 발생하는 것을 말한다. 또한 이익갈등에는 기피갈등, 유치갈등, 타지역 피해유발 갈등, 공익가치 추구 갈등 등이 있다. 기피갈등은 토지이용이나 시설입지에 따른 손실로 인하여 해당 지역주민이나 자치단체가 반대하여 발생하고, 유치갈등은 지역적인 혜택을 주는 개발 사업이나 시설을 경쟁적으로 유치하기 위해 발생하며, 타 지역 피해유발 갈등은 한 지역의 지역개발이 다른 지역에 피해를 유발하는 갈등을 말하며, 공익가치추구 갈등에는 환경보전 등의 문제에서 유발되는 것이 일반적이다.

(2) 권한갈등

권한갈등은 이해당사자 간 권한과 책임에 따른 분쟁으로 한 조직 내에서 서로 다른 부서 간에 발생하는 갈등을 말한다.

3) 갈등의 표출여부에 따른 분류

(1) 잠재적 갈등

잠재적 갈등이란 갈등을 일으킬 조건들이 존재하고 갈등 당사자들이 이를 지각하고 있지만 갈등에 따르는 외면적 행위들이 감추어진 상태를 의미한다.

(2) 현재적 갈등

현재적 갈등은 갈등 당사자들의 불만과 경쟁심이 외부로 표출되어 행동하는 갈등을 말한다.

4) 갈등의 두 가지 쟁점

모든 갈등에는 두 가지 쟁점들이 교차한다. 주된 갈등이 어떤 일을 하는 방법에 기인한 것이라고 할지라도 자신의 자존심에 위협이 가해지거나 질투를 유발하는 것과 같은 감정적인 문제들은 갈등의 강도를 높일 수 있다.

▎표 7-1 ▎ 핵심문제와 감정적 문제

핵심문제	감정적 문제
• 역할 모호성 • 방법에 대한 불일치 • 목표에 대한 불일치 • 절차에 대한 불일치 • 책임에 대한 불일치 • 가치에 대한 불일치 • 사실에 대한 불일치	• 공존할 수 없는 개인적 스타일 • 통제나 권력 확보를 위한 싸움 • 자존심에 대한 위협 • 질투 • 분노

출처: 한국산업인력공단(2016). 대인관계능력 학습자용.

핵심적인 문제들(예: 업무과제에 대한 불일치)은 대부분 갈등의 밑바닥에 깔려 있는 반면에 감정적인 문제들은 갈등을 복잡하게 만든다. 예를 들어 어느 한 사람이 특정 과제(핵심문제)를 맡았을 때 다른 사람은 조직이 자신을 알아주지 않는다고 느끼고 화가 날 수 있다(감정적 문제).

이러한 상황에서 갈등을 해결하기 위해서는 핵심적인 문제부터 해결해야 한다. 하지만 이러한 두 가지 쟁점을 파악한다고 해서 모든 갈등이 해결되는 것은 아니다. 갈등은 '해결할 수 있는 갈등'과 '불필요한 갈등'으로 구분할 수 있다.

먼저 '해결할 수 있는 갈등'은 목표와 욕망, 가치, 문제를 바라보는 시각과 이해하는 시각이 다를 경우에 일어날 수 있는 갈등으로 이러한 갈등은 상대를 먼저 이해하고 서로가 원하는 것을 만족시킨다면 저절로 해결될 수 있는 갈등이다. 다음으로 '불필요한 갈등'은 개개인이 저마다 문제 상황을 다르게 인식하거나 정보가 부족한 경우인데 대부분 각자가 가진 편견 때문에 발생한 의견의 불일치로 인해 적대적 감정이 생길 때 발생한다. 즉, 불필요한 갈등은 자신이 가장 중요하다고 여기는 문제가 다른 사람 때문에 해결되지 못한다고 느낄 때 불필요한 갈등이 생긴다. 다음은 불필요한 갈등의 예시이다(한국산업인력공단, 2016).

〈예시〉 불필요한 갈등

- 근심 걱정, 스트레스, 분노 등의 부정적인 감정
- 잘못 이해하거나 부족한 정보 등 전달이 불분명한 커뮤니케이션
- 편견, 변화에 대한 저항, 항상 해오던 방식에 대한 거부감 등에서 나오는 의견 불일치

이와 같이 갈등의 상황이 발생했을 때 갈등의 핵심을 찾아 어떻게 해결하는가가 무엇보다 중요하다. 하지만 갈등은 한순간에 발생하여 끝나는 것이 아니다. 때로는 사소한 문제라고 생각했던 것이 큰 문제가 되기도 하고, 큰 문제라고 생각했던 것이 사소한 문제로 끝나기도 한다.

5) 갈등의 단계

(1) 갈등의 발달단계(잠재적 갈등단계)

이 단계는 갈등의 선행조건이라고도 하며 불충분한 자원을 얻기 위한 경쟁, 자율성을 확보하기 위한 충동과 의욕 및 하위단위조직의 목표 간 차이 등의 갈등을 내재한 여러 조건들로 구성된다. 즉, 갈등의 시작은 그 조건이 무엇이든 하나만 충족하면 갈등이 시작되며, 이 단계에서 정확한 문제인식과 적절한 예방활동을 취한다면 갈등이 유발될 가능성을 낮출 수 있다.

(2) 갈등의 표출단계

이 단계는 갈등상태를 인지하고 개인화하면서 위협이나 적대적 행위 및 공포 등의 심리적 상태가 발생하는 과정을 거쳐 타인의 목표를 좌절시키거나 그의 이익을 방해하는 행동을 할 때의 단계를 말한다. 특히 갈등을 야기한 원인이 분명하게 이슈화되고 갈등 당사자의 확인이 가능하며 감정적인 차원으로 지각될 때 발생하게 된다. 또한 물리적인 힘으로 해결하려 할 경우 오히려 갈등문제의 본질이 흐려지고 또 다른 감정적인 대치의 국면으로 갈 가능성이 높은 단계라고 할 수 있다.

(3) 갈등해결의 탐색단계

이 단계는 갈등 관련 당사자들이 갈등이 발생하고 있음을 인식한 후 갈등해결을 위한 방법의 제시 및 사용을 위한 모색과정이며, 갈등문제 자체의 무식, 철회 또는 회피, 표출된 갈등에 대한 강압, 대면, 협상, 또는 제3자의 개입 등의 조치가 이용되며, 주된 목적은 갈등발생의 예방이 아니라 나타난 갈등을 감소시키는 것을 말한다.

(4) 갈등의 해소단계

이 단계는 갈등관리 이후의 효과단계로 갈등을 해소할 수 있는 장치 마련과 그러한 장치의 효율적인 활용을 통해 차후 지속적으로 발생할 수 있는 갈등을 효과적으로 대처할 수 있도록 하는 단계이다. 특히 이 단계에서는 서로 간에 쌓인 갈등의 해소는 회피형, 지배 또는 강압형, 타협형, 순응형, 통합 또는 협력형 등의 방법으로 이루어지기도 하며 세부 내용은 다음과 같다.

| 표 7-2 | 갈등 유형

구분	내용
회피형 (avoiding)	회피형은 자신과 상대방에 대한 관심이 모두 낮은 경우로서 갈등 상황에 대하여 상황이 나아질 때까지 문제를 덮어두거나 위협적인 상황에서 피하고자 하는 경우를 말한다. 회피형은 개인의 갈등 상황으로부터 철회 또는 회피하는 것으로, 상대방의 욕구와 본인의 욕구를 모두 만족시킬 수 없게 된다. 이 전략은 '나도 지고 너도 지는 방법'이라고 한다.
경쟁형 (competing)	경쟁형은 지배형(dominating)이라고도 하는데 자신에 대한 관심은 높고 상대방에 대한 관심은 낮은 경우로서, '나는 이기고 너는 지는 방법'을 말한다. 경쟁형은 상대방의 목표달성을 희생시키면서 자신의 목표를 이루기 위해 전력을 다하는 전략이다.
수용형 (accomodating)	수용형은 자신에 대한 관심은 낮고 상대방에 대한 관심은 높은 경우로서 '나는 지고 너는 이기는 방법'을 말한다. 이 방법은 상대방의 관심을 충족하기 위하여 자신의 관심이나 요구는 희생함으로써 상대방의 의지에 따르는 경향을 보인다. 이 방법은 상대방이 거친 요구를 해오는 경우에 전형적으로 나타나는 반응이다.
타협형 (compromising)	타협형은 자신에 대한 관심과 상대방에 대한 관심이 중간 정도인 경우로서, 서로가 받아들일 수 있는 결정을 하기 위하여 타협점을 주고받는 방식을 말한다. 즉, 갈등 당사자들이 반대의 끝에서 시작하여 중간 정도 지점에서 타협하여 해결점을 찾는 것이다. 갈등 당사자 간에 불신이 클 때에는 이 방법은 실패한다는 단점이 있다.
통합형 (integrating)	통합형은 협력형(collaborating)이라고도 하는데 자신은 물론 상대방에 대한 관심이 모두 높은 경우로서, '나도 이기고 너도 이기는 방법'을 말한다. 이 방법은 문제해결을 위하여 서로 간에 정보를 교환하면서 모두의 목표를 달성할 수 있는 방법을 찾는다. 따라서 서로의 차이를 인정하고 배려하는 신뢰감과 공개적인 대화를 필요로 한다. 통합형이 가장 바람직한 갈등해결 유형이라 할 수 있다.

출처: 한국산업인력공단(2016). 대인관계능력 학습자용.

이와 같이 사람들마다 갈등을 해결하는 방식은 매우 다양하게 나타난다. 갈등을 성공적으로 해결하기 위해서는 쟁점의 양 측면을 모두 이해해야 할 필요성이 있다. 따라서 갈등을 해결할 때에는 다음과 같이 여러 사항에 유의하여야 한다.

| 표 7-3 | 갈등 해결 유의점

• 다른 사람들의 입장을 먼저 이해한다. 사람들이 당황하는 모습을 자세하게 살핀다. • 어려운 문제는 피하지 말고 맞선다. • 자신의 의견을 명확하게 밝히고 지속적으로 강화한다. • 사람들과 눈을 자주 마주친다. • 마음을 열어놓고 적극적으로 경청한다. • 타협을 위해 노력한다. • 어느 한쪽으로 치우치지 않는다. • 논쟁하고 싶은 유혹을 떨쳐낸다. • 존중하는 자세로 사람들을 대한다.

출처: 한국산업인력공단(2016). 대인관계능력 학습자용 워크북.

이와 같이 각자의 입장을 탐색하고 의사소통 채널을 개방하는 토의를 진행하게 된다면 문제에 대한 대안과 정보의 폭을 넓힐 수 있으며 토의에 참여하는 사람들은 타인에 대한 신뢰감이 높아져 보다 건강한 관계를 형성할 수 있다.

사례 1 다양한 갈등해결방법

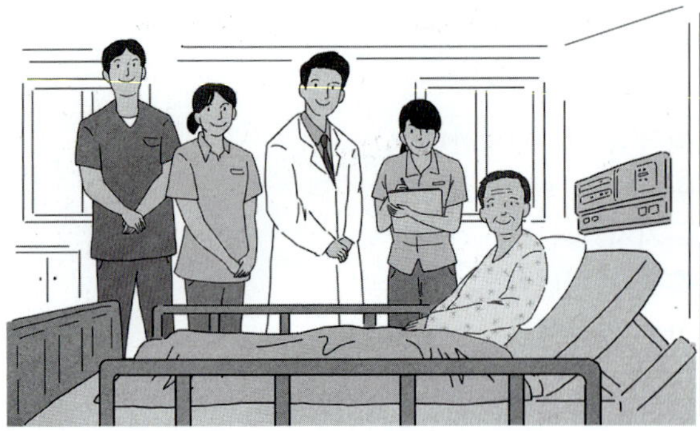

S병원에서 외과 전문의로 일하고 있는 K박사는 골절과 외상에 대한 수많은 수술을 집도하면서 권위 있는 전문의사로 정평이 나 있다. 그 명성을 듣고 최근 환자들이 몰려들어 입원실이 부족할 지경이고 수술에 필요한 모르핀, 주삿바늘, 수술 가위 등의 재료와 의료기구가 부족하여 자재과에 열흘 전에 주문해 놓았지만 아직 입고되지 않아 두 차례나 독촉한 상태이다. 자재과를 책임지고 있는 L과장은 난감해하고 있다. 자재창고의 공간이 부족할 뿐만 아니라 각 부서별로 자재주문이 들어온 순서대로 처리하도록 규정되어 있기 때문에 K박사의 구매주문보다 빠른 주문이 아직 다섯 가지나 있다. L과장이 월요일 총무부 회의를 마치고 왼쪽에서 붐비는 병원 로비로 걸어 나오는데, 오른쪽 복도 끝에서 K박사가 오고 있는 것 같았다.

<사례 A>

병원 로비로 걸어 나오던 L과장은 멈칫하며 순간 어쩌나 하다가 오른쪽 복도로 가지 않고 K박사를 피해서 북쪽 다른 복도를 이용하여 돌아서 자재과로 갔다.

<사례 B>

K박사가 L과장을 보더니 언제부터 직접 만나 따져서 물어보려고 했는데 잘 되었다며 로비로 걸어 나와 재빨리 L과장을 막아서고는 자재주문이 어떻게 되었냐며 다그쳐 물었다. L과장은 병원 규정대로 주문건수를 해결하고 있으나 그 전에 주문 들어온 걸 처리하느라 아직 구매할 수 없다고 했다. K박사는 화를 내면서 많은 수술환자가 대기하고 있는데, 당장 주문서를 처리하지 않으면 원장에게 보고하여 문책하도록 하겠다고 협박하였다. L과장은 병원 규정을 무시하면서 수술용 의료자재를 먼저 구매해줄 수 없으니 원장에게 보고하든지 말든지 마음대로 하라고 반박했다.

<사례 C>
L과장은 K박사가 성격이 불같고 자기에게 귀찮게 하는 사람을 수단방법을 가리지 않고 응징하는 조폭 같은 위인이라고 생각하면서 이번 외과 자재주문을 규정을 위반해서라도 내일 당장 처리해주겠으니 하루만 기다려 달라며 K박사를 달랬다.

<사례 D>
K박사가 난리법석을 떨며 L과장을 협박까지 하였지만 L과장도 호락호락하지 않았다. 30분간 두 사람이 옥신각신하다가 K박사는 다른 건 다 양보할 테니 모르핀만은 내일까지 좀 구매해달라고 부탁하자 L과장은 병원규정을 어길 순 없지만 모르핀만은 직권으로 구매해주겠다고 마지못해 응답했다.

<사례 E>
K박사의 다급한 부탁을 받고 L과장은 환자들에게 불편을 주지 않고 수술을 받을 수 있도록 하는 것이 병원 이미지와 발전에 매우 중요하다는 인식을 공감하였다. 그래서 L과장은 M총무부장과 상의한 결과 외과의 긴급 상황을 원장에게 보고하여 재가를 받아서 처리해보자는 답변을 받았다. 그래서 K박사는 수술환자 대기상태와 자재부족의 실태를 자세히 작성하여 결재를 받게 되었다. 비록 이틀이 걸렸지만 외과 K박사와 자재가 L과장이 모두 만족하는 윈윈의 결과를 얻을 수 있었다(원창희, 2012).

활동 2 갈등 유형

❖ 위에 제시된 사례를 읽고, 각각의 갈등해결방법에 대하여 자신이 느낀 점을 자유롭게 적어보시오. 그리고 위의 사례들 중 자신이 선택할 가능성이 가장 높은 반응은 어떤 유형일까?

사례	사례를 통해 느낀 점
A	• • •
B	• • •
C	• • •
D	• • •
E	• • •

❖ 당신과 현재 갈등을 빚고 있는 사람과 그 해결방법이나 타협점을 찾으려면 어떻게 해야 할지 각자의 생각을 적어보시오.

03 성공적 갈등관리

대부분의 사람들은 일상에서 경험하게 되는 갈등을 피하거나 타협으로 예방하려고 한다. 이러한 접근법은 상당히 효과적이다. 하지만 갈등을 유발하는 문제를 근본적으로 해결하는 것이 가장 좋다. 이에 갈등을 해결하는 가장 이상적인 방법으로 '윈-윈(win-win) 관리법'을 들 수 있다. 윈-윈 관리법은 앞서 제시한 통합형의 방식으로 문제해결을 위해 서로 간의 정보를 교환하면서 모두의 목표를 달성할 수 있는 방법을 찾는 방식이다. 하지만 갈등해결을 위한 아무리 좋은 방법을 제시한다 할지라도 갈등 대상자들이 갈등을 해결하고자 하는 마음을 가지지 않는다면 어떤 방법도 갈등해결에 도움이 되지 못한다. 따라서 갈등 당사자들은 자신의 관심사를 직시하고, 상대의 관심사를 경청할 용의가 있으며 상호 만족할 만한 해결책을 모색하려는 굳건한 자세가 윈윈 전략에 요구된다(한국산업인력공단, 2016).

다음은 윈윈 전략을 사용할 때 절차이다.

(1) 1단계: 충실한 사전 준비

- 비판적인 패러다임 전환
- 자신의 위치와 관심사 확인
- 상대방의 입장과 드러내지 않는 관심사 연구

(2) 2단계: 긍정적인 접근 방식

- 상대방이 필요로 하는 것에 대해 생각해 보았다는 점을 인정
- 자신의 '윈-윈 의도' 명시
- 윈-윈 절차, 즉 협동적인 절차에 임할 자세가 되어 있는지 알아보기

(3) 3단계: 두 사람의 입장을 명확히 하기

- 동의하는 부분 인정하기
- 기본적으로 다른 부분 인정하기
- 자신이 이해한 바를 점검하기

(4) 4단계: 원윈에 기초한 기준에 동의하기

- 상대방에게 중요한 기준을 명확히 하기
- 자신에게 어떠한 기준이 중요한지 말하기

(5) 5단계: 몇 가지 해결책을 생각해 내기

(6) 6단계: 몇 가지 해결책 평가하기

(7) 7단계: 최종 해결책을 선택하고, 실행하는 것에 동의하기

사례 2 갈등 해결 - 병원 상사와 갈등을 겪고 있는 신입사원

종수 : 지난 몇 개월 동안 이메일, 체크리스트, 불만 사항에 이르기까지 모든 자료를 철저하게 살폈습니다. 그러나 정작 상사인 미라 씨에게는 필요한 자료를 얻을 수 없었습니다. 그래서 보고서가 늦었습니다.

철수 : 이 문제와 관련해서 직접 미라 씨에게 말을 하지 않은 이유가 무엇입니까? 그녀에게 환자차트 작성에 필요한 자료들을 좀 더 편리하게 얻을 수 있는 방법에 대해서 논의하고 싶다고 말하세요. 매월 어느 시점까지 자료가 필요한데, 미라 씨를 귀찮게 하지 않고서는 자료를 수집하기 어렵다고 자세하게 설명하세요. 미라 씨에게 이런 상황을 어떻게 생각하는지 물어보세요. 그리고 그것이 미라 씨에게 왜 어려운지에 대해 생각하면서 그녀의 말을 적극적으로 경청하세요. 미라 씨가 어떤 말을 하리라고 생각합니까?

종수 : 미라 씨는 저와 논의하려고 애를 쓰지만, 긴급한 병원 서류를 처리하느라 늘 시간이 부족한 것 같습니다.

철수 : 그렇다면 미라 씨의 그런 자세를 어떻게 생각하세요?

종수 : 정보를 바탕으로 해서 각 간호 부서팀과 환자차트 상황, 병원 각 부서와 협력 관계, 약물 자제, 등을 평가해야 하기 때문에 당연히 미라 씨에게서 자료를 얻어야 한다고 생각합니다. 그런데 저는 미라 씨에게 이 문제에 대해서 한 번도 말씀드리지 않은 것 같습니다.

철수 : 그렇다면 자료를 얻는 것이 왜 중요한지 미라 씨가 알고 있어야 하며, 그것의 중요성을 미라 씨가 제대로 알고 있는지 확인해야 합니다. 항상 그 점을 유념해야 합니다.

종수 : 예, 알겠습니다. 미라 씨도 좋은 반응을 보이리라 생각합니다.

철수 : 종수씨와 미라 씨의 마음에 쏙 드는 참신하면서도 창조적인 아이디어를 브레인스토밍해보세요. 몇 가지 아이디어를 생각한 다음 하나의 아이디어를 메모해서 미라 씨에게 전해주세요. 아마 미라 씨는 이메일보다는 메모를 읽고 그에 따른 조치를 할 겁니다. 다음 달 보고서를 작성한 다음에 제가 말한 것이 얼마나 효과적인지를 알 수 있을 겁니다. 하지만 그 방법이 서로에게 만족스러운지 알아보기 위해서는 한두 번 정도 그에 관한 이야기를 자세하게 나누어보는 게 좋습니다.

출처: 한국산업인력공단(2016). 대인관계능력 학습자용 워크북.

활동 3 윈-윈 갈등관리법

❖ 현재의 업무상황이나 일상생활 중에 당신이 겪고 있는 갈등 상황을 생각하면서 '윈-윈 갈등 관리법' 워크시트를 작성하면서 최선의 갈등 해결책을 선택하여 보시오.

1. 1단계: 충실한 사전 준비
   - 자신의 위치와 관심사를 적어보자(예: 원하는 것이 무엇인가? 왜 그것을 원하는가?).
   - 상대방이 피력한 입장과 드러내지 않은 관심사를 적어보시오.

2. 2단계: 긍정적인 접근 방식
   - 상대방이 필요로 하는 것에 대해 생각해 보았다는 점을 인정해보자(예: "너에게 중요한 것이 무엇인지 생각해봤어. 너는 이러이러한 것을 원하는 것 같은데, 맞지?").
   - 누이 좋고 매부 좋게 하려는 '윈-윈 의도'를 명시해보자(예: "나는 우리 모두에게 만족스러운 해결책을 찾고 싶어.")
   - 윈윈 절차, 즉 협동적인 절차에 임할 자세가 되어 있는지 알아보자(예: "우리 모두에게 만족스러운 해결책을 찾기 위해 나와 노력할 의사가 있는가?").

3. 3단계: 두 사람의 입장을 명확히 하기
   - 어떤 부분이라도 동의하는 것이 있으면 인정해보자(예: "우리가 서로 동의하는 부분을 검토해보자. 우리가 원하는 것은 이러이러한 것이지?").
   - 기본적으로 다른 부분을 인정해보자(예: "우리가 서로 다른 부분을 검토하자. 네가 바라는 것은 이렇고, 내가 바라는 것은 이렇다.").
   - 자신이 이해한 바를 점검하자(예: "네 생각이 바로 이런 것이니?").

4. 4단계: 윈-윈에 기초한 기준에 동의하기
   - 상대방에게 중요한 기준을 명확히 하자(예: "만약 합당한 개런티가 보장되고 작년 계약 비용의 10%가 넘지 않으면, 무리 없이 동의하고 2주 안에 실행할 수 있다는 말이지?").
   - 자신에게 어떤 기준이 중요한지 말해보자(예: "내가 중요시하는 것은 우리가 동의한 방법으로 빨리 실행하는 것과, 현재의 요금 정책에 부합하게 하고, 그리고 내년 업무 체계에 부합할 수 있는 것이야.").

5. 5단계: 몇 가지 해결책을 생각해내기
 • 해결책에 대해 함께 브레인스토밍 해보기

6. 6단계: 해결책 평가하기
 • 4단계에서 세운 기준을 바탕으로 5단계에서 생각해낸 몇 가지 해결책들을 평가해 보기

7. 7단계: 최종 해결책을 선택하고, 실행하는 것에 동의하기

출처: 한국산업인력공단(2016). 대인관계능력 학습자용.

04 갈등에 따른 부정적 결과

갈등은 우리 사회에 늘 존재하고 있지만 갈등이 원만하게 해결되지 못할 경우 개인과 사회 모두에 부정적인 영향을 미치게 된다. 갈등으로 인한 부정적인 결과로 가족 간, 직장에서의 갈등 및 감정노동에 대해 살펴보면 다음과 같다.

1) 가족 간의 갈등경험 실태와 정신건강

이상영(2013)은 2013년 5월에서 6월 사이 일반 가구원 4,001명을 대상으로 가족 내 갈등경험 실태와 정신건강의 관련성을 조사하였다. 또한 이 연구에서 살펴보자고 했던 갈등은 개인 단위에서의 갈등으로 개인 간의 정서적 대인관계를 바탕으로 한 의사소통의 단절, 의도적 무시와 따돌림, 신체·언어적 유·무형의 폭력 등의 형태로 표현되는 갈등을 정의하였다.

먼저 가족구성원 간 갈등을 경험한 비율을 살펴본 결과 전체의 78.9%가 가족 내 갈등을 경험한 것으로 나타났으며, 가족 갈등 경험은 남성에 비해 여성이 높고, 경험 갈등 요인 수도 여성이 높은 것을 나타났다. 또한 가족 내에서 가장 많이 경험한 갈등원인은 성격 차이가 가장 높게 나타났으며, 다음으로 가치관의 차이, 의사소통의 문제, 경제적 문제 등의 순으로 나타났다.

한편 가족 내 갈등요인 중 심리적인 부담을 가장 많이 주는 요인은 신체적 학대 폭력 가족구성원의 외도, 취업, 실업문제, 가족의 건강문제, 노부모 부양문제 등으로 나타났다. 또한 가족갈등 경험과 건강의 연관성을 살펴본 결과, 가족갈등을 많이 경험한 집단일수록 자신의 신체적 건강상태에 대한 부정적 인식이 강하고, 흡연이나 음주 등 바람직하지 않은 건강형태를 가진 비율이 높은 것으로 나타났다.

연구 참여자 중 자살을 생각해 본 경험이 있는 집단은 그렇지 않은 집단에 비해 갈등요인수가 많고 갈등으로 인해 느끼는 심리적 부담도 상대적으로 매우 큰 것으로 나타났다.

이러한 연구결과를 통해 갈등은 우리 사회에 늘 존재하지만 자신이 경험하는 갈등이 원만하게 해소되지 못할 경우 심신의 부정적인 영향을 초래함을 알 수 있다. 특히 가족 갈등을 경험하면서 습득되는 사회적 기술은 대인관계에도 부정적인 영향을 미친다. 예를 들어 가족 간의 의사소통 단절은 사회에 나아가 타인들과의 관계를 어렵게 만드는 요인이 되기도 한다. 특히 가족갈등으로 인한 부정적인 변화에 대한 연구(김유경 외, 2015)에서는 가족구성원 간의 소통단절로 가족관계가 소원해졌다는 경우가 가장 높았으며, 가족 간의 대화가 줄어드는 경우, 갈등으로 인한 외박 또는 가출, 형제자매의 의절 순으로 나타났다. 이와 같이 가족 간의 갈등은 심한 경우 가족 해체로 이어지기도 한다. 가족 해체는 여기에서 끝나는 것이 아니라 해체 가족으로 인한 사회적 비용부담이 발생하게 되는데 이는 국가가 책임져야 할 몫이다. 따라서 가족갈등을 줄이고 건강한 가족으로서의 살아갈 수도 있는 방안이 필요하다.

2) 직장 내 갈등으로 인한 스트레스와 정신건강

한국보건사회연구원(2013)에서는 2013년 9월에서 10월 사이 근로자 753명을 대상으로 직장 내 갈등으로 인한 스트레스와 정신건강에 대해 조사를 실시하였다. 이 조사에서 직장 내 갈등은 개인 간의 관계에서 오는 갈등을 포함하여 근로환경, 직무 및 근로조건과 개인의 희망(욕구) 간의 불일치로 인해 개인이 내재적으로 느끼는 갈등·스트레스를 포함하는 것으로 하였다. 먼저 근로자의 갈등 및 스트레스 조사한 결과, 총 26개의 갈등 및 스트레스 요인 중 평균 8.7개를 가지고 있는 것으로 나타났다. 26개의 요인 중 가장 높게 나타난 요인은 여러 가지 업무를 동시에 수행해야 하는 경우가 가장 많은 것으로 나타났으며, 그다음으로는 본인의 역량을 넘어서는 수준의 기술과 지식이 요구되는 업무를 부과받는 경우, 비합리적 인사제도, 동료 및 상사의 비협조, 성차별 등의 순으로 나타났다. 또한 이 연구를 통해 우리나라 근로자들이 직장 내에서 경험하는 갈등 및 스트레스 요인은 해당 근로자의 우울증상 및 정신건강에 영향을 주거나, 영향을 받는 인과관계가 있는 것으로 나타났다. 특히 근로자들 중에서는 직장 내에서 갈등 스트레스 요인을 많이 경험할수록 자살 생각을 할 가능성이 더 높은 것으로 나타났다.

이러한 연구에서 알 수 있듯이 갈등은 대부분의 많은 사람들에게 스트레스를 경험하게 하여 정신적, 신체적으로 부정적인 영향을 미치는 중요한 요인이기 때문에 갈등의 관리가 행복한 삶을 살아가는 데 무엇보다 중요하다. 또한 갈등의 관리는 개인적인 문제이기도 하지만 국가적인 측면에서도 중요하다.

직장인들의 스트레스 중에서도 가장 큰 스트레스는 사람으로 인한 스트레스이다. 특히 상사의 스트레스는 동료 스트레스보다 더 높다. 상하 글 등으로 스트레스를 더 많이 받게 된다. 상사의 유형도 다양한데, 예를 들어 콤플렉스가 있는 상사, 강요만 하는 상사, 꼴 보기 싫은 상사, 잘난 체하는 상사 등으로 다양하다. 한 조사기관에 따르면 464명의 직장인에게 '직장 상사에게 가장 큰 분노를 느낄 때는 언제입니까?'라는 질문에 응답자의 34.1%가 '상사가 권위적인 행동을 할 때'라고 답했으며, 그다음으로 인신공격성 질책을 할 때, 상사의 무능함을 목격했을 때, 낮은 인사고과를 부여했을 때, 성과를 가로챘을 때 등으로 나타났으며, 상사를 싫어하는 이유는 일 자체보다는 부적절한 언행 때문으로 보고되고 있다. 이와 같이 부적절한 언행은 직원의 사기를 떨어뜨릴 뿐만 아니라 구성원 간의 불화를 조장하고 조직의 목표도 달성하기 어렵다. 따라서 조직의 목표를 효과적으로 달성하기 위해서는 구성원 간의 존중과 배려가 절대적으로 필요하며, 스스로 적극적으로 업무를 추진할 수 있는 분위기의 조성이 필요하다.

3) 감정노동

직장인들은 직장상사나 동료 간의 인간관계에서도 갈등의 상황이 발생하지만 고객을 응대하는 직업의 경우는 고객으로 인한 갈등도 발생하게 된다. 특히 이러한 상황에서는 외적 갈등이 아닌 개인의 내적 갈등으로 나타난다. 예를 들어 직장을 옮기는 '이직'이나, 다른 직종으로의 전환인 '전직'으로 나타나기도 한다. 그렇다면 감정노동의 정의를 살펴볼 필요성이 있다. 감정노동(emotional labor)이란 사전적 의미로 직장인이 사람을 대하는 일을 수행할 때에 조직에서 바람직하다고 여기는 감정을 자신의 감정과는 무관하게 행하는 노동을 의미하는 것으로 한국의 전체 임금노동자 10명 중 4명이 감정노동자로 집계되고 있다. 대부분의 감정 노동자들은 조직의 규범에 따라 자신의 감정을 통제하고 정해진 표현규칙에 따라 자신의 감정을 표현해야만 한다. 예를 들어 전화만 잡으면 상냥한 목소리가 저절로 나게 된다든가, 눈물이 나는 슬픈 감정임에도 불구하고 웃으면서 이야기하고, 그것이 나중에는 자연스럽게 되는 거짓 자아(false self)를 수용하게 된다. 그 결과 감정노동자들은 내 감정이 없는 것 같은 일종의 감정적 마비와 무감각의 상태를 경험하는 수동적인 상태에 이르며 자아존중감을 상실할 수도 있다(김종진, 송미진, 2014). 즉, 감정노동이란 조직에서 요구되는 직무에 맞게 자신의 감정을 조절하는 것으로 볼 수 있다. 이에 따라 감정노동의 유형은 직무 수행 구분에 따라 긍정적(밝은 미소와 웃음 : 좋아함, 공감), 중립적(무표정한 태도: 공정함과 권위), 부정적(화난 목소리와 태도: 적대와 경멸) 감정노동 세 가지 형태로 구분할 수 있다.

| 표 7-4 | 감정노동 유형

용어	내용
폭행/공격 (Assault/Attack)	신체적 상해 시도 혹은 신체적 해를 입히려는 공격(주먹, 발, 손바닥, 칼, 총, 성폭행, 강간 등)
협박 (Threat)	희생자에게 신체적, 성적, 정신적 피해나 다른 부정적인 결과를 두려워하게 하는 불법적인 강제력 사용
학대 (Abuse)	신체적, 정신적으로 학대하는 행위로 희롱하기, 협박하기, 집단 괴롭힘 등을 포함
희롱 (Harassment)	나이, 장애, 에이즈 감염, 가정환경, 성, 성적 취향, 인종, 피부색, 언어, 종교, 정치색, 노동조합 혹은 다른 견해나 신념, 국가적 혹은 사회적 기원, 소수파와의 관련, 태생 등 개인의 존엄성에 부정적인 영향을 미치는 다른 상태를 기반으로 하는 언어적, 비언어적, 시각적, 정신적, 신체적으로 바람직하지 못한 행위(성희롱 포함)
성희롱 (sexual harassment)	근무 중 피해자가 성별로 평가되는 것을 느끼게 하거나, 피해자가 모욕감, 굴욕감, 행복의 위협을 가지게 할 수 있는 바람직하지 못한 성적 행위
협박/집단 괴롭힘 (Bullying/Mobbing)	근로자 개인이나 집단에 굴욕감을 주거나 명예를 훼손시키고자 보복성 행위로 잔인한 혹은 고의적인 시도를 통한 학대행위로 정신적 희롱의 한 형태, 부당하게 지속적으로 부정적 견해를 밝히거나 비난하는 행동, 한 사람을 사회 접촉에서 고립시키는 행동, 잘못된 정보를 이야기하거나 퍼뜨리는 행동 등의 포함

출처: 김종진, 송민자(2014). 한국사회 감정노동 실태와 개선방향 연구.

한편 감정노동은 제3자에 의한 폭력으로 규정하고 있다. 제3자에 의한 폭력이란 상품이나 서비스를 받는 고객, 소비자, 환자들에 의한 위협, 신체적 폭력, 정신적 폭력을 의미한다. 다음은 감정노동에 따른 폭력유형이다.

활동 4 간호 관리

병원 갈등상황에서 문제해결을 위한 프로세스를 작성해 보고 토론해 보시오.

	이슈1	이슈2	이슈3
상황 및 내용			
바람직한 행동			

활동 5 불만을 만족으로 재발견하기

불만과 갈등이 가장 많이 있는 세 사람을 떠올린 후 그들에게 요구하거나 부탁하고 싶은 내용에 대해서 구체적으로 적어본다.

1	가장 많이 접촉하는 10인		
2	불만과 갈등이 가장 많이 있는 3인	불만스러운 내용	
3	불만과 갈등이 가장 많이 있는 3인	요구하고 싶거나 부탁하고 싶은 내용	
4	불만과 갈등이 가장 많이 있는 3인	장점을 찾거나 칭찬해주는 말	

학습성찰

이번 주 학습한 내용 중 본인의 생활에 적용 가능한 내용과 적용계획을 작성해 보시오.

평가내용	자가진단				
	1	2	3	4	5
갈등의 의미와 유형을 설명할 수 있다.					
직장생활에서 발생한 갈등 해결 관리법을 적용할 수 있다.					

내용	내용
학습내용에 대해 새롭게 발견한 점	
학습내용에 대해 느낀 점	
학습내용 중 본인의 생활에 적용 가능한 점	
적용계획 (구체적으로 작성)	
기대효과	

대 인 관 계 능 력

INTERPERSONAL COMPETENCY

CHAPTER 08

협상능력

INTERPERSONAL COMPETENCY

세부목표

직장생활에서 협상 가능한 목표를 세우고 상황에 맞는 협상전략을 선택하여 다른 사람과 협상하는 능력을 기를 수 있다.

일반목표

1. 협상의 의미를 설명할 수 있다.
2. 협상의 과정을 설명할 수 있다.
3. 직장생활에서 적절한 협상전략을 활용할 수 있다.
4. 직장생활에서 적절하게 상대방을 설득하는 방법을 활용할 수 있다.

주요용어

협상, 협상과정, 협상전략

미리보기

미국의 학자 Cohen이 '세상은 거대한 협상 테이블이며, 우리는 모든 것을 협상할 수 있다'라고 말한 데서 알 수 있듯이, 우리의 생활은 협상의 연속이며, 협상을 통해 의사결정을 하게 된다. 협상은 시공간을 초월하여 끊임없이 발생하고 있으며, 가정에서, 회사에서, 정부에서, 또는 국가에서 어느 시간 어느 공간에서도 협상은 전개될 수 있다. 특히 상사와 부하 사이에서 끊임없이 의사결정을 해야 하는 직업인에게 협상능력의 함양은 필수적이다.

01 협상의 의미

우리는 살아가면서 수많은 갈등과 난관에 부딪히면서 극복해나간다. 갈등과 난관을 만날 때마다 좌절하지 않고, 이를 극복하기 위해 누군가와 논의하고, 해결책을 찾기 위해 많은 노력을 기울인다. 여기서 해결책을 찾는 노력, 즉 문제가 제시되었을 때 해결책을 도출하여 타인과의 갈등을 극복하고 문제를 해결하려는 것이 바로 협상이다.

일반적으로 협상이라는 단어를 들었을 때 사람들이 자동적으로 떠올리는 모습은 심각한 표정으로 회의실 탁자에 둘러앉아 복잡하게 얽힌 거래상의 이해관계를 따지며 조율하거나, 노사관계자들이 자정으로 예고된 파업을 막기 위해 열띤 토론을 하는 모습, 계약서를 작성하는 모습이 떠오를 것이다.

누구나 일상 속에서 크고 작은 협상을 한다. 집 계약도 협상이고, 친구들과 모여 여행을 가는 것도 협상이다. 우리는 매 순간이 협상의 연속인 만큼 인생의 중요한 순간을 가르는 것도 협상에 달렸다.

사례 1 협상의 의미

우리의 생활은 협상의 연속이며, 협상을 통해서 의사결정을 하게 된다. 직장생활에서 흔히 일어나는 협상이란 무엇인지 알아보자.

<사례 A>

남편 : 오늘도 당신은 야근이야? 어떻게 당신 병원은 항상 야근이야? 오늘이 무슨 날인지 당신 모르는 거야?

아내 : 내가 야근을 하고 싶어서 그러는 거 아니잖아. 우리 간호사들은 인력이 부족해서 어쩔 수 없는데 어떻게 하라는 거야? 내가 당신 생일을 잊어버린 것도 아니고 아침에 미역국이랑 끓여줬고 생일 선물로 현금도 줬잖아.

남편 : 당신은 언제나 당신 생각만 하는군. 가족과 함께 지내고 싶은 내 마음은 전혀 이해를 못 하고 항상 병원 근무와 환자 생각만 하는 사람 같아 서운해진단 말이야.

아내 : 여보, 이러다가 우리가 싸우겠어. 그럼 내가 오늘 야근하면 9시 넘어서 끝나는데 당신 생일이니깐 같이 맥주 한잔하면 어떨까? 이제 와서 제가 야근 날짜를 바꿀 수도 없고…

남편 : 음, 그거 좋은 생각이야. 난 기념일에 당신과 함께 지내고 싶어.

<사례 B>

K 간호사와 M병원 원장 사이에 임금 문제로 갈등을 겪고 있었다. K 간호사는 자신이 바라는 수준의 임금을 쟁취하기 위해서 원장을 설득하기 위해 이성적으로, 때로는 감성적으로 대화를 하였다. 그 결과 원장을 설득하여 좋은 결과를 얻게 되었다.

<사례 C>

L씨와 L씨 자녀는 용돈 문제로 갈등을 겪고 있었다. 즉 L씨 자녀는 용돈을 올려주기를 바라고, L씨는 올려주지 않으려고 하고 있었다. L씨 자녀는 애교, 공부, 능청스러운 말 등 다양한 방법을 동원하여 L씨를 설득하여 호의를 얻어내려고 하였다. 결국 L씨 자녀는 어떻게 하면 그 호의를 쉽게 얻어낼 수 있는가를 알고 있었기 때문에 자신의 용돈을 올릴 수 있었다.

출처: 한국산업인력공단(2016). 대인관계능력 학습자용 워크북.

활동 1 협상의 의미

❖ 협상이란 무엇인지 각자의 생각을 적어보시오.

❖ 협상이 과연 무슨 이유 때문에 필요한 것인지 각자의 생각을 적어보시오.

❖ 사례를 통하여 현명한 협상 방법에 대하여 작성해 보시오.

출처: 한국산업인력공단(2016). 대인관계능력 학습자용 워크북.

'협상하다(negotiate)'라는 단어는 라틴어 'negtir'에 뿌리를 두고 있다. 여가를 뜻하는 'tir'이라는 어근에 부정의 의미를 지닌 'neg'가 붙어 '여가가 아니다'라는 의미를 담고 있다. 라틴어의 근본적인 의미로는 '협상'이라는 단어에서 '즐거움'이라는 요소를 찾기는 사실 어렵다. 하지만 협상은 어느 한 면으로 특정 짓기에는 너무도 다양하며, 사업상의 정의에서 한 발자국만 떨어져서 보면 이 세상 어느 곳이나 협상 테이블이며, 모든 사람들이 협상가임을 알 수 있을 것이다.

그렇다면, 협상이란 무엇일까? 조직에서 협상은 왜 필요할까?

협상에 대한 정의를 다양한 학자들이 정의를 내렸다. 카네발레와 퓌이트(Carnevale & Puitt, 1981)는 협상을 '서로 다른 이해관계를 가진 둘 또는 그 이상의 상호의존적인 사회 개체들이 갈등을 해소하기 위하여 공동으로 의사결정을 내리는 과정'이라고 정의하였고, 코헨(Cohen, 1997)은 '자기가 원하는 것을 타인으로부터 얻어내기 위하여 그 호감을 얻어내는 방법에 초점을 둔 지식과 노력의 집합체'라고 정의하였다.

협상의 의미는 크게 의사소통 차원, 갈등해결 차원, 지식과 노력 차원, 의사결정 차원, 교섭 차원에서 살펴볼 수 있다.

첫째, 의사소통 차원에서 볼 때, 협상이란 둘 이상의 사람들이 자신들의 욕구를 충족시키기 위해 상대방으로부터 최선의 것을 얻어내기 위해 상대방을 설득하는 커뮤니케이션 과정이다. 즉 협상은 자신이 얻고자 하는 것 때문에 다른 사람들 또는 집단들과 갈등상태에 있을 때 그들을 설득하여 자신이 원하는 것을 쟁취하기 위한 일련의 커뮤니케이션 과정이라고 할 수 있다. 예컨대 여러분이 사장과 임금문제로 갈등상태에 있을 때, 커뮤니케이션 과정을 거치게 된다. 때로는 이성적으로 때로는 감성적으로 커뮤니케이션을 하게 된다. 커뮤니케이션이 원활하고 상대방 설득이 원활하게 진행될 때, 임금협상도 원활히 진행되고 좋은 결과를 산출하게 될 것이다. 그러나 서로가 상대방에 대한 분노와 증오로 가득차서 서로가 상대방을 적으로 단정하고 의사소통 과정을 차단하고 단절할 때 임금협상은 더 이상 진전되지 못할 것이다. 그러므로 협상이란 설득을 목적으로 하는 커뮤니케이션인 것이다.

둘째, 갈등해결 차원에서 볼 때, 협상이란 갈등관계에 있는 이해당사자들이 대화를 통해서 갈등을 해결하고자 하는 상호작용 과정이다. 즉 협상이란 개인, 조직 또는 국가가 가지고 있는 갈등의 문제를 해결하기 위해서 갈등관계에 있는 이해당사자들이 대화를 통해서 상반되는 이익은 조정하고 공통되는 이익을 증진시키는 상호작용 과정이라 할 수 있다.

셋째, 지식과 노력 차원에서 볼 때, 협상이란 우리가 얻고자 하는 것을 가진 사람의 호의를 얻어내기 위한 것에 관한 지식이며 노력의 분야이다. 즉 협상이란 승진, 돈, 안전, 자유, 사랑, 지위, 명예, 정의, 애정 등 우리가 얻고자 원하는 것을 어떻게 다른 사람들보다 더 우월한 지위를 점유하면서 얻을 수 있을 것인가 등에 관련된 지식이며 노력의 장이라고 할 수 있다.

넷째, 의사결정 차원에서 볼 때, 협상이란 둘 이상의 이해당사자들이 여러 대안들 가운데서 이해당사자들 모두가 수용 가능한 대안을 찾기 위한 의사결정 과정이라 할 수 있다. 또한 협상이란 공통적인 이익을 추구하나 서로 입장의 충돌 때문에 이해당사자들 모두에게 수용 가능한 이익의 조합을 찾으려는 개인, 조직 또는 국가의 상호작용 과정이라고 볼 수 있다.

다섯째, 참여자들의 공통적인 의사결정을 필요로 하는 교섭 차원에서 볼 때, 협상이란 선호가 서로 다른 협상 당사자들이 합의에 도달하기 위해 공동으로 의사결정하는 과정이라고 할 수 있다. 또한 협상이란 둘 이상의 당사자가 갈등상태에 있는 쟁점에 대해서 합의를 찾기 위한 과정이라고 정의될 수 있다. 즉 협상이란 둘 또는 셋 이상의 사람들이 갈등상태에 있는 어떤 쟁점에 대해서 주고받는 과정을 통해서 합의점을 찾아서 그 쟁점을 해결하기 위한 과정이다.

협상에 관한 이러한 주장들을 종합해 보면,

> 협상(negotiation)이란 갈등상태에 있는 이해당사자들이 대화와 논쟁을 통해서 서로를 설득하여 문제를 해결하려는 정보전달과정이자 의사결정과정이다.

02 협상의 과정과 협상 준비

우리는 자신과 타인이 원하는 것이 무엇인지를 알고 각자 원하는 것을 얻기 위해서 개인적인 능력을 꾸준히 갈고닦아야 하며 이는 협상능력의 바탕이 된다. 협상능력을 함양시키기 위해서 먼저 협상에 대비한 준비를 하고 준비가 끝나고 나면 실제로 협상이 진행된다. 협상과정은 연구관점에 따라 다양한 형태로 언급될 수 있다. 협상과정은 기본적으로 준비단계, 협상단계, 합의 후 평가단계의 순서로 협상이 진행된다고 할 수 있다. 또한, 협상과정은 아래 그림과 같이 협상시작, 상호이해, 실질이해, 해결방안, 합의문서 등의 5단계로 구분할 수 있다(한국산업인력공단, 2016).

협상 시작	• 협상당사자들 사이에 상호 친근감 쌓음 • 간접적인 방법으로 협상의사를 전달함 • 상대방의 협상의지를 확인함 • 협상진행을 위한 체제를 짬
↓	
상호 이해	• 갈등문제의 진행상황과 현재의 상황을 점검함 • 적극적으로 경청하고 자기주장을 제시함 • 협상을 위한 협상대상 안건을 결정함
↓	
실질 이해	• 겉으로 주장하는 것과 실제로 원하는 것을 구분하여 실제로 원하는 것을 찾아냄 • 분할과 통합 방법을 활용하여 이해관계를 분석함
↓	
해결 대안	• 협상 안건마다 대안들을 평가함 • 개발한 대안들을 평가함 • 최선의 대안에 대해서 합의하고 선택함 • 대안 이행을 위한 실행계획을 수립함
↓	
합의 문서	• 합의문을 작성함 • 합의문상의 합의내용, 용어 등을 재점검함 • 합의문에 서명함

출처: 한국산업인력공단(2016). 대인관계능력 학습자용 워크북.

한편, 협상과정은 협상진행 단계를 중심으로 협상 전 단계, 협상진행 단계, 협상 후 단계의 3단계로 구분할 수도 있다.

협상 전 단계는 협상을 진행하기 위한 준비단계이고, 협상진행 단계는 협상이 실제로 진행되는 단계이며, 협상 후 단계는 합의된 내용을 집행하는 단계이다. 이러한 협상과정은 아래와 같은 단계와 내용으로 설명할 수 있다.

단계	내용
협상 전 단계	• 협상기획: 협상과정(준비, 집행, 평가 등)을 계획 • 협상준비: 목표설정, 협상 환경분석, 협상형태파악, 협상팀 선택과 정보수집, 자기분석, 상대방분석, 협상전략과 전술수립, 협상대표 훈련
↓	
협상진행 단계	• 협상진행: 상호인사, 정보교환, 설득, 양보 등 협상전략과 전술 구사 • 협상종결: 합의 및 합의문 작성과 교환
↓	
협상 후 단계	• 협의내용 비준: 비준 • 협의내용 집행: 실행 • 분석평가: 평가와 피드백

출처: 한국산업인력공단(2016). 대인관계능력 학습자용 워크북.

사례 2 최저임금 오늘 막판 협상 … 내년 시급 1만 원 넘을까?

최저임금위원회, 오후 3시부터 14차 전원회의
'6차 수정안' 노동계 10,620원 vs 경영계 9,785원
노사 합의 못 하면 양측 제시안 토대로 표결할 듯

[앵커]
최저임금위원회가 오늘(18일) 막바지 논의를 거쳐 내년 최저임금 수준을 결정할 것으로 보입니다.
노동계와 경영계 입장이 팽팽한 가운데, 내년 최저임금이 시간당 만 원을 넘게 될지 관심입니다.
취재기자 연결해 자세한 내용 알아봅니다. 신지원 기자!
오늘 최저임금위원회 전원회의, 어떻게 진행되고 있습니까?

[기자]
최저임금위원회는 오늘(18일) 오후 3시부터 정부세종청사에서 14차 전원회의를 열고 내년 최저임금 수준을 논의하고 있습니다.
조금 전 4시 반부터 회의를 속개했는데, 7차 수정안으로 노동계는 6차 때와 같은 10,620원을, 경영계는 9,795원을 제시했습니다.
올해 최저임금 9,620원보다 각각 10.4%, 1.8% 더 높은 수준입니다.
이로써 노사 격차는 825원으로 좁혀졌습니다.

근로자위원 측은 노동계가 최초 요구안보다 천오백 원 넘게 낮춰온 반면, 경영계는 소폭만 인상한 점을 지적했습니다.
[류○○ / 한국노총 사무총장 : 노동자위원은 공익위원의 계속된 수정안 제출 요구에 적극적이고 성의 있는 수정안을 제출하고 있습니다만, 사용자위원들은 여전히 저율의 인상안만을 제출하는 것에 대해 유감을 표합니다.]

이에 대해 사용자위원 측은 경제 상황이 나빠지는 상황에서 노동계가 과도한 인상 폭을 요구하고 있다고 반박했습니다.

[이○○ / 사용자위원 : 최근 6년간 우리 최저임금은 물가에 비해 3배 이상 높게 인상이 되었고, 이런 인상속도는 주요 선진국인 G7 국가와 비교해도 평균적으로 2배 이상 높은 것으로 나타났습니다.]

지난 2년간 최저임금 인상률은 5%대를 기록했는데요.

올해 최저임금을 기준으로 시간당 380원, 3.95%가 인상될 경우 내년 최저 시급은 만원을 넘게 됩니다.

양측 입장이 여전히 팽팽한 만큼, 오늘 노동계와 경영계가 합의에 이르지 못하면 노사 양측이 제시한 최종 금액에 대해 최종 표결이 진행될 것으로 보입니다.

다만, 지난달 고공농성을 벌이다 구속된 근로자위원이 해촉된 이후 여전히 공석 상태라, 노사 균형이 깨졌다는 점이 변수가 될 수 있습니다.

이미 법정기한을 넘긴 최저임금위원회는 지난 5월 2일 첫 회의를 연 이후 109일째 논의를 이어가고 있어 역대 최장 심의 기간 기록을 세웠습니다.

그만큼 오늘 노사 양측이 합의하지 않고 자정을 넘길 경우 차수를 변경해서라도 결판을 짓겠다는 입장입니다.

지금까지 사회정책부에서 전해드렸습니다.

출처: YTN, 신지원 기자(2023.07.18.).

활동 2 협상과정

앞 페이지에서 제시된 사례를 읽고 협상이 어떠한 과정에 따라 진행되었는지 각자의 생각을 적어보시오.

협상과정	내용
단계 1 :	▪ ▪
↓	
단계 2 :	▪ ▪
↓	
단계 3 :	▪ ▪
↓	
단계 4 :	▪ ▪
↓	
단계 5 :	▪ ▪

출처: 한국산업인력공단(2016). 대인관계능력 학습자용 워크북.

협상 전문가는 협상을 시작할 때부터 끝날 때까지 협상의 한계와 목적을 잃지 않으며, 시종 협상의 종결에 대해서 초점을 맞춘다. 흔히 협상의 실패는 협상을 진행하는 동안 저지르게 되는 실수로 인해 발생한다. 그런데 협상 전문가라면 그러한 실수에 대하여 어떻게 대처할까? 협상에서 주로 나타나는 7가지 실수와 그에 대한 효과적인 대처방안을 살펴보자.

표 8-1 협상의 대처 방안

협상의 실수	대처방안
1. 준비되기도 전에 협상을 시작하는 것	상대방이 먼저 협상을 요구하거나 재촉하면 아직 준비가 덜 되었다고 솔직히 말한다. 그리고 그런 때를 상대방의 입장을 묻는 기회로 삼는다. 협상준비가 되지 않았을 때는 듣기만 한다.
2. 잘못된 사람과의 협상	협상 상대가 협상에 대하여 책임을 질 수 있고 타결 권한을 가지고 있는 사람인지 확인하고 협상을 시작한다. 상급자는 협상의 올바른 상대가 아니다. 최고책임자는 협상의 세부사항을 잘 모르기 때문이다.
3. 특정 입장만 고집하는 것 (입장협상)	협상에서 한계를 설정하고 그다음 단계를 대안으로 제시한다. 상대방이 특정 입장만 내세우는 입장협상을 할 경우에는 조용히 그들의 준비를 도와주고 서로 의견을 교환하면서 상대의 마음을 열게 한다.
4. 협상의 통제권을 잃을까 두려워하는 것	협상은 통제권을 확보하는 것이 아니라 함께 의견 차이를 조정하면서 최선의 해결책을 찾는 것이다. 통제권을 잃을까 염려되면 그 사람과의 협상 자체를 고려해본다. 자신의 한계를 설정하고 그것을 고수하여 그런 염려를 하지 않게 된다.
5. 설정한 목표와 한계에서 벗어나는 것	한계와 목표를 잃지 않도록 그것을 기록하고, 기록된 노트를 협상의 길잡이로 삼는다. 그러나 더 많은 것을 얻기 위해 한계와 목표를 바꾸기도 한다.
6. 상대방에 대해서 너무 많은 염려를 하는 것	상대방이 원하는 것을 얻을까 너무 염려하지 말고, 협상을 타결짓기 전에 자신과 상대방이 각기 만족할만한 결과를 얻었는지, 협상 결과가 현실적으로 효력이 있었는지, 모두 만족할만한 상황이 되었는지 확인한다.
7. 협상 타결에 초점을 맞추지 못하는 것	협상의 모든 단계에서 협상의 종결에 초점을 맞추고, 항상 종결을 염두에 둔다. 특정한 목적을 위해 협상을 하고 있기 때문에 목표가 가까이 왔을 때 쟁취하게 되는 것이다.

출처: 이영희 외(2017). 대인관계능력.

03 협상전략

협상에 사용될 협상전략의 형태는 다양하다. 협상 당사자는 자신의 목적과 상대방의 목적 그리고 상황적 요인에 따라서 다양하게 협상전략을 구사할 수 있다.

대체로 협상전략의 형태로는 문제해결전략, 양보전략, 무행동전략, 경쟁전략 등으로 구분할 수 있다. 이 중 문제해결전략은 협력전략에, 양보전략은 유화전략에, 무행동전략은 회피전략에, 경쟁전략은 강압전략에 해당한다(한국산업인력공단, 2016).

1) 협력전략

협력전략(cooperative strategy)은 협상 참여자들이 협동과 통합으로 문제를 해결하고자 하는 협력적 문제해결전략이다. 다시 말해, 협상하는 당사자들이 서로 협력하여 문제를 해결하는 것이다.

협력적 문제해결은 "Win-Win" 전략의 정신을 가지고 있다. 즉 나도 내가 원하는 것을 얻고 상대방도 상대가 원하는 것을 얻는 것이다. 우리 모두가 잘되는 전략인 "I Win, You Win, We Win" 전략이다. 따라서 협상 당사자들은 자신들의 목적이나 우선순위에 대한 정보를 서로 교환하고 이를 통합하여 문제를 해결하고자 노력한다. 자신이 가지고 있는 것 가운데서 우선순위가 낮은 것에 대해서는 상대방에게 양보하는 협력적 과정을 통해서 문제해결을 위한 합의에 이르게 된다. 협력전략이 성공을 거두기 위해서는 협상 참여자들은 신뢰에 기반을 둔 협력을 진행해야 한다. 이를 신뢰적 협력전략이라고도 할 수 있다.

협력전략의 협상전술에는 협동적 원인탐색, 정보수집과 제공, 쟁점의 구체화, 대안 개발, 개발된 대안들에 대한 공동평가, 협동하여 최종안 선택 등이 있다.

2) 유화전략

유화전략(smoothing strategy)은 양보전략이자, 순응전략이며, 화해전략이자, 수용전략이며, 굴복전략이라고도 한다. 상대방이 제시하는 것을 일방적으로 수용하여 협상의 가능성을 높이려는 전략이다. 상대방의 욕구와 주장에 자신의 욕구와 주장을 조정하고 순응시켜 굴복한다. 유화전략은 "Lose-Win" 전략이다. 즉, 당신의 승리를 위해서 나는 손해를 보아도 괜찮다는 전략인 "I Lose, You Win" 전략이다.

유화전략은 협상으로 인해 돌아올 결과보다는 상대방과의 인간관계 유지를 선호하여 상대방과 충돌을 피하고자 할 때 사용할 수 있다. 상대방과의 우호관계를 중시하며 그 우호관계를 지속하기 위해서 자신의 입장이나 이익보다는 상대방의 이익과 입장을 고려하여 상대방에게 돌아갈 결과에 더 큰 관심을 가지고 상대방의 주장에 순종적으로 따르는 전략이다. 유화전략에 사용될 수 있는 전술에는 유화, 양보, 순응, 수용, 굴복, 요구사항의 철회 등이 있다.

3) 회피전략

회피전략(avoiding strategy)은 무행동전략이며, 협상 철수전략이라고도 한다. 즉, 협상을 피하거나 잠정적으로 중단하거나 철수하는 전략이다. 회피전략은 "Lose-Lose" 전략이다. 즉 나도 피해 보고 상대방도 피해를 입게 되어 모두가 손해를 보게 되는 전략인 "I Lose, You Lose, We Lose" 전략이다.

회피전략은 상대방에게 돌아갈 결과나 자신에게 돌아올 결과에 대해서 전혀 관심을 가지지 않을 때 사용할 수 있고, 자신이 얻게 되는 결과나 인간관계 모두에 대해서 관심이 없을 때 상대방과의 협상을 거절할 수 있다. 시간과 노력을 투자할 필요가 없을 정도로 협상의 가치가 낮거나 협상을 중단하고자 하여 상대방을 심리적 압박감을 주어 필요한 양보를 얻어내고자 할 때, 또는 협상 이외의 방법으로 쟁점해결을 위한 대안이 존재할 경우에 회피전략을 사용할 수 있다. 또한 회피전략은 협상을 계속 진행하는 것이 자신에게 불리하게 될 가능성이 있을 때나 협상 상황이 자신에게 불리하게 전개되고 있을 때, 협상국면을 전환시키고자 할 때 사용할 수 있다.

회피전략의 전술에는 협상을 회피, 무시, 상대방의 도전에 대한 무반응, 협상 안건을 타인에게 넘겨주기, 협상으로부터 철수 등이 있다.

4) 강압전략

강압전략(forcing strategy)은 공격적 전략이며 경쟁전략이라고도 한다. 자신이 상대방보다 힘에 있어서 우위를 점유하고 있을 때 자신의 이익을 극대화하기 위한 공격적 전략이다. 상대방의 주장을 무시하고 자신의 힘으로 일방적으로 밀어붙여 상대방에게 자신의 입장을 강요하는 전략이다. 강압전략은 "Win-Lose" 전략이다. 즉 내가 승리하기 위해서 당신은 희생되어야 한다는 전략인 "I Win, You Lose" 전략이다. 이로 인해 제로섬(zero-sum)의 결과가 산출될 수 있다.

명시적 또는 묵시적으로 강압적 위협이나 강압적 설득, 처벌 등의 무력시위 또는 카드 등을 사용하여 상대방을 굴복시키거나 순응시킨다. 자신의 주장을 확실하게 상대방에게 제시하고, 상대방에게 이를 수용하지 않으면 보복이 있을 것이며 협상이 결렬될 것이라는 등의 위협을 가하는 경우가 발생할 수 있다. 따라서 강압전략은 일방적인 의사소통으로 일방적인 양보를 받아낸다. 인간관계를 중요하게 여기지 않고 어떠한 수단 방법을 동원해서라도 자신의 입장과 이익극대화를 관철시키는 것에만 관심이 있다. 협력전략과 반대로 강압전략은 합의도출이 어렵다. 상대방에 비해 자신의 힘이 강하고, 상대방과의 인간관계가 나쁘고, 상대방에 대한 신뢰가 전혀 없을 때, 자신의 실질적 결과를 극대화하고자 할 때 강압전략이 사용될 수 있다.

강압전략이 사용될 수 있는 협상전술로는 위압적인 입장 천명, 협박과 위협, 협박적 설득, 확고한 입장에 대한 논쟁, 협박적 회유와 설득, 상대방 입장에 대한 강압적 설명요청 등이 있다.

사례 3 다양한 협상전략

<사례 A>
철수는 요양병원을 리모델링하려고 하였으나, 여윳돈이 부족하였다. 그리하여 여러 사람을 수소문해본 결과 자신의 병원에서 일하고 있는 간호사의 남편이 인테리어 업종에서 일하는 것을 알게 되었다. 그의 정보를 알아본 결과 그의 어머니의 요양병원을 찾고 있는 것으로 나타났다. 따라서 철수는 그에게 어머니를 자신의 요양병원에 모셔오는 대가로 요양병원의 리모델링을 저렴하게 해줄 수 있는지를 제안하였다. 그 또한 철수의 제안을 받아들였고 결국 철수는 저렴한 가격으로 요양병원을 리모델링할 수 있었다.

<사례 B>
중소기업 K사의 대리인 철수는 기업 L에서 부품을 구매하는 역할을 담당하고 있다. K사는 절대적으로 중요한 부품인 스위치를 개당 3,000원에 L사로부터 항상 구입해왔다. 그런데 L사는 어느 날 스위치의 가격을 개당 3,500원으로 올리겠다는 의사를 보였다. 이에 철수는 곰곰이 생각해본 후, L사의 제안을 기꺼이 받아들였다. 철수는 단기적으로는 자신의 회사가 약간 손해를 보더라도, 장기적으로 L사와의 관계를 생각해볼 때 L사의 제안을 받아들이는 것이 훨씬 이익이 된다고 생각하였다.

<사례 C>
대기업 영업부장인 L씨는 신제품 출시 가격에 대해서 도매업체 T와 가격협상을 하고 있었다. 그런데 도매업체 T는 새로 출시된 신제품에 별반 관심을 보이지 않았고, 적극적이지 않았다. 또한, L씨는 시간과 노력을 투자하여 T와 협상할 가치도 낮다고 느끼는 중이었다. 따라서 L씨는 과감하게 협상을 포기하였다.

<사례 D>
제약회사 영업부장인 L씨는 기존의 재고를 처리할 목적으로 A 병원과 협상 중이다. 그러나 A는 자금부족을 이유로 이를 거절하였다. 그러나 L씨는 자신의 회사에서 물품을 제공하지 않으면 A 병원은 매우 곤란한 지경에 빠진다는 사실을 알고 있었기에, 앞으로 A병원과 거래하지 않을 것이라는 엄포를 놓았다. 이에 따라 L씨는 성공적으로 협상을 이끌어낼 수 있었다.

출처: 한국산업인력공단(2016). 대인관계능력 학습자용 워크북.

활동 3 협상 전략

협상에 사용되는 전략은 크게 협력전략, 유화전략, 회피전략, 강압전략 등으로 구분할 수 있다. 앞 페이지에 제시된 사례 A는 협력전략, 사례 B는 유화전략, 사례 C는 회피전략, 사례 D는 강압전략으로 볼 수 있다.

❖ 그렇다면 각각의 전략은 어떠할 때 활용하면 유용할지 각자의 생각을 적어보도록 하자.

전략	유용한 경우
협력전략	• • • • •
유화전략	• • • • •
회피전략	• • • • •
강압전략	• • • • •

출처: 한국산업인력공단(2016). 대인관계능력 학습자용 워크북.

04 설득심리의 이해

대인관계에서 누군가를 설득해야 내가 원하는 것을 쟁취할 수 있고, 원하는 상황이 이루어질 수 있다. 사람들의 설득심리는 어떤 경우에 더 쉽게 설득되는지 살펴볼 필요가 있다(로버트 치알디니, 이현우, 2005).

1) 상호성의 법칙

상호성의 법칙은 쉽게 말해 오는 정이 있어야 가는 정이 있다는 것이다. 남에게 도움을 받으면 이를 갚아주어야 한다는 압박을 받게 된다. 호감뿐만 아니라 거부감에도 적용된다. '저 사람이 나를 우습게 보는 거였어? 그럼 나도 우습게 봐야지!'라는 악순환이 일어난다. 우리나라 경조사가 간소화되지 않는 이유가 바로 상호성의 법칙 때문이다. 결혼식과 장례식에서 오가는 봉투는 몇 년이 지나도 반드시 갚아줘야 한다.

이처럼 상호성의 법칙은 뇌물, 비리 등으로 연결될 수 있지만, 그럴 수 있다는 것조차 이 법칙이 얼마나 강력한지 방증할 뿐이다. 인간관계에서 가장 강력한 게 바로 연애부터 비즈니스까지 심지어 국가 간 외교까지 영향을 끼친다.

연애에서 부정적으로 작동할 수 있다. 예를 들어 당신이 좋아하는 사람에게 호의를 베풀려고 하면 상대방은 '도움을 받으면 나중에 갚아야겠지?'라는 생각에 오히려 호의를 거절할 확률이 높다. 그러니까 '제가 밥 한 번 사드릴게요' 같은 건 통하지 않는다는 말이다. 차라리 '문전 걸치기 전략'이나 '거절 후 양보' 전략을 사용하라.

2) 일관성의 법칙

일반적으로 많은 사람들이 "나는 오늘부터 다이어트할 거야!"라고 사람들에게 공표를 하는 사람과 '나 오늘부터 다이어트해야지!'라고 마음만 먹는 사람은 성공 확률이 다르다. 다이어트를 수차례 시도하지만 성공하지 못하는 경우들이 있다. 그중 성공한 사례를 보면 다이어트를 시작하고 인스타 스토리에 매일 먹는 식단을 올렸다. 아무도 올리라고 한 적이 없는데도 매번 올리다 보면 어쩌다 한 번 과한 식단을 올리는 자신이 부끄러워진다. 그 이유는 자신이 약속을 못 지키고 일관된 사람으로 보이지 않을까 하는 두려움 때문이다. 인간은 타인에게 일관된 사람으로 보이고 싶어 하는 심리를 가지고 있다.

3) 사회적 증거의 법칙

다른 사람이 웃으면 나도 모르게 웃는 경우가 있다. TV를 볼 때 개그 프로그램에서 웃음소리가 나오는 경우가 있다. 늘 오락프로에는 웃음소리와 박수가 나올 때 나도 모르게 따라 했던 기억이 있을 것이다. 혼자 집에서 공포영화를 보는 것보다 극장에서 공포영화를 보는 것이 주위 사람들의 반응에 의해 더욱 실감나고 무서운 영화가 되는 것이다. 인간은 사회적 동물이기 때문에 타인이 느끼는 감정과 유사하게 느끼고, 설득되는 심리를 가지고 있다.

4) 호감의 법칙

이중적인 악녀지만 천사 같은 외모로 모든 사람에게 호감을 주는 금자 씨는 복수와 관련된 도움을 너무나 쉽게 받을 수 있었다. 영화 '친절한 금자씨'를 보면 악녀였지만, 사람들은 외모를 보고 도움을 더욱 쉽게 주는 경향이 있다. 이러한 호감의 법칙은 일상생활에 적용할 수 있다. '오늘 옷이 너무 예쁘네요.'와 같이 작은 칭찬들이 사람들에게 호감도를 높여 빨리 사람들과 친해질 수 있고, 더 쉽게 설득할 수 있는 분위기를 조성해 준다.

5) 권위의 법칙

사람들은 권위의 실체에 의해서뿐만 아니라 단순한 권위의 상징에 의해서도 영향을 받는다. 우리는 권위의 법칙에 대해 자동적으로 반응하는 경향을 갖고 있다. 이러한 약점을 이용하여 설득전문가들은 실제적 권위가 존재하지 않는 상황에서도 우리에게 얼마든지 영향력을 행사하고 있다. 사기꾼들은 모두 그럴듯한 직함을 갖고 있거나 번지르르하게 차려입거나 자기들의 권위를 상징하는 겉치장을 하고 있다. 그들은 최고급 수준의 근사한 차를 타고 다니면서 정장을 한 세련된 모습으로 모모 박사, 판사, 교수, 사장 등의 명함으로 무장하여 선량한 희생자들을 홀리고 있는 것이다. 그러한 권위의 상징들로 치장하면 사람들을 설득하기가 땅 짚고 헤엄치기보다 쉽다는 것을 권위 있는 자들은 잘 이해하고 있다.

6) 희귀성의 법칙

'마스크가 이제는 어디서도 사기가 어렵습니다.'라는 뉴스가 나왔다. 사람들은 이런 뉴스를 접하고 마스크가 집에 있으면서도 비싸게 마스크를 사기도 한다. 결국 우리는 얼마 남아 있지 않다는 희소성에 의해 꼭 구입해야 할 것 같은 심리에 구매를 하게 된다. 희소성을 가지고 있다는 것에 구매를 해야 한다는 느낌을 받게 되고 설득당하기 쉽게 된다.

사례 4 상대방을 설득하는 법

<사례 A>

바이러스 전염병으로 인해 병원에서 인력이 부족하여 일하는 데 많은 어려움이 가중되어 있다. 그러나 병원에서는 바이러스 전염병으로 인해 일이 많아졌다고 병원도 돈이 많이 버는 것도 아니기 때문에 임금을 올려달라고 할 수도 없다. 인력을 보충하기에도 어려움이 많이 있을 수밖에 없습니다. 나라에서 바이러스 전염병으로 힘들게 일하고 있는 병원 관계자들에게 임금을 올려주거나 인력을 최대한 빨리 보충해주기를 바라는 마음이다. 물론 위급상황이기 때문에 의료진들이 해야 하는 일인 것은 당연하다. 그러나 당연하지만 너무 많이 인력이 부족한 상황이다. 의료진들은 "그래, 내가 하지 않으면 누가 하겠어?"라고 하기도 하고, "우리나라를 불황에서 건질 사람은 바로 나야."라고 외치기도 한다.

<사례 B>

"제안서 준비하느라고 애를 많이 쓴 것 같네요." "네, 이 제안은 A씨께서 전에 말씀하신 ○○라는 의견에 토대를 두고 작성한 것입니다." 이렇게 설득하면 상대방은 고개를 끄덕이지 않을 수 없다. 애초에 자기가 한 말이 아닌가? 사람은 상대방이 자기 의견을 참고로 하거나 인용해주면 '나를 인정해주었다.'는 생각에 기분이 좋아지게 마련이다. 일단 상대방이 관심을 보이면 바로 분위기를 띄우고, 협상의 분위기가 제일 좋을 때에 기회를 놓치지 말고 키워드를 꺼내도록 하라. 그만큼 협상의 설득력을 높일 수 있다(한국산업인력공단, 2016).

<사례 C>

H회사는 노사분규로 심한 노사갈등을 겪고 있었다. 이에 사장은 회사의 재무 상태와 수익비용구조 등의 기업 운영현황을 전부 공개하고 설명함으로써 노사가 모두 기업의 실제 사정을 스스로 보고 판단할 수 있게 하여 이해시켰다. 종업원들이 회사의 어려운 현황을 정확히 이해하고 사장의 설명에 공감하게 되면서 노사 간에 신뢰가 형성되어 노사갈등이 원만하게 해결되었다(임희선 역, 2004).

활동 4

성공적인 협상을 위해서는 상대방을 설득시키는 일은 필수적이다. 상대방을 설득시키는 방법은 상황이나 상대방이 누구냐에 따라 매우 달라진다. 위의 사례(A~C)에서 상대방을 어떻게 설득할 수 있었는지에 대하여 기술해보시오.

사례	대응 방안
A	
B	
C	

05 설득전략

협상을 하기 위해 상대방을 설득시키는 일은 필수적인 일이다. 상대방을 설득시키는 방법은 상대방의 감정·사고·이성 등에 따라, 설득하고자 하는 상황에 따라 매우 다양하다. 설득은 이성적인 요인도 있지만 감정적인 요인도 작용하기 때문이다(한국산업인력공단, 2016).

1) See-Feel-Change 전략

설득전략으로 'See(보고)-Feel(느끼고)-Change(변화한다)' 전략을 사용할 수 있다. 즉, 설득전략을 사용하여 갈등관리를 순조롭게 하고, 설득전략을 통해서 협상의 목적을 성공적으로 달성할 수 있다. 협상전략 관점에서 볼 때, 'See' 전략은 시각화하고 직접 보게 하여 이해시키는 전략이며, 'Feel' 전략은 스스로가 느끼게 하여 감동시키는 전략이며, 'Change' 전략은 변화시켜 설득에 성공한다는 전략이다.

See 시각화하여 이해시킨다. → **Change** 변화시켜 설득에 성공한다. → **Feel** 느끼게 하여 감동시킨다.

2) 상대방 이해 전략

협상 상대방을 설득하기 위해서는 설득에 장애가 되는 요인들을 척결해야 한다. 협상전략에 있어서 상대방 이해란 협상과정상의 갈등해결을 위해서 상대방에 대한 이해가 선행되어 있으면 갈등해결이 용이하다는 것이다.

예컨대 상사가 부하를 설득하기 위해서는 부하에 대한 이해가 선행되어야 한다. 경영자가 근로자들을 설득하기 위해서는 근로자들에 대한 이해가 선행되어야 하며, 부서 간의 갈등에 있어서도 상대방 부서를 설득하기 위해서는 상대방 부서에 대한 이해가 선행되어야 한다.

3) 호혜관계 형성 전략

호혜관계란 협상 당사자 간에 어떤 혜택들을 주고받은 관계가 형성되어 있으면 그 협상과정상의 갈등해결에 용이하다는 것이다.

예컨대 부처 간에 도움을 받으면 도움을 주어야 한다는 것이다. 이는 빚은 갚아야 한다거나 약속은 지켜야 한다는 것과 같은 사회적 의무에 관한 교육과 학습의 영향이다.

상사와 부하 간의 호의에 있어서, 이 호의에는 부하가 원했건 원치 않았건 관계없이 모든 호의가 이에 해당된다. 따라서 부하를 일단 빚진 상태로 만들면 된다. 즉 부하를 먼저 무언가를 도와주면 된다. 시민과의 관계에서도 마찬가지다. 정부는 시민에게 먼저 어떤 호혜를 베풀면 된다. 그렇게 되면 부하와 상사 간 또는 시민과 정부 간에 호혜관계에 놓이게 된다.

평소에 이렇게 호혜 관계를 잘 형성해 놓으면 차후에 어떤 정책을 추진할 때 다른 사람으로부터 협조를 잘 받아낼 수 있다.

4) 헌신과 일관성 전략

헌신과 일관성이란 협상 당사자 간에 기대하는 바에 일관성 있게 헌신적으로 부응하여 행동하게 되면 협상과정상의 갈등해결이 용이하다는 것이다. 헌신과 일관성이란 상대방의 기대에 헌신적이고 일관성 있게 부응하여 행동하는 것이다. 이는 일종의 습관 같은 것으로 반복하다가 보면 존재하지 않는 것도 존재하는 것처럼 착각해서 생기게 된다.

상사가 부하들에게 대하는 행동도 마찬가지로 적용된다. 사소한 습관에서부터 큰 것으로 지속적으로 진행해야 한다. 도중에 나쁜 습관을 이것저것 허락하게 되면 헌신과 일관성의 법칙이 깨어지기 때문에 부하들은 자신들도 모르는 사이에 나쁜 버릇을 가지게 된다.

5) 사회적 입증 전략

사회적 입증이란 어떤 과학적인 논리보다도 동료나 사람들의 행동에 의해서 상대방 설득을 진행하는 것이 협상과정상의 갈등해결이 더 쉽다는 것이다. 이 전략은 과학적 이론보다 자신의 동료나 이웃의 말이나 행동에 의해서 쉽게 설득된다는 것과 관련된 기술이다. 광고에서 말하는 소위 '입소문'을 통해서 설득하는 것이 광고를 내보내서 설득하는 것보다 더 효과가 있다는 것이다.

6) 연결 전략

연결이란 협상과정상의 갈등상태가 발생했을 때 그 갈등 문제와 갈등관리자를 연결하는 것이 아니라 그 갈등을 야기한 사람과 관리자를 연결하면 갈등해결이 용이해 진다는 것이다.

연결이란 제품(예 : 정부정책)과 자신을 연결하는 것이 아니라 그 제품을 판매(예 : 집행)하는 사람과 자신을 연결한다는 것이다. 따라서 어떤 정책을 집행할 때 그 정책에 이해관계를 가진 집단들에게 우호적인 사람으로 하여금 집행하게 되면 그 정책으로 인해 발생하는 갈등을 용이하게 해결할 수 있다는 것이다. 따라서 연결기술을 효과적으로 사용하기 위해서는 우호적이거나 좋은 이미지, 협력적인 행정이나 정책들을 사용하여 다른 사람을 설득시키는 것이 용이하다.

7) 권위 전략

권위란 직위나 전문성, 외모 등을 이용하면 협상과정상의 갈등해결에 도움이 될 수 있다는 것이다. 설득기술에 있어서 권위란 직위, 전문성, 외모 등에 의한 기술이다. 사람들은 자신보다 더 높은 직위, 더 많은 지식을 가지고 있다고 느끼는 사람으로부터 설득당하기가 쉽다. 계장의 말씀보다 국장의 말씀에 더 권위가 있고 설득력이 높다. 비전문가보다 전문가의 말에 더 동조하게 된다. 전문성이 있는 사람이 그렇지 않은 사람보다 더 권위가 설득력이 있다.

8) 희소성 해결 전략

희소성이란 인적, 물적 자원 등의 희소성을 해결하는 것이 협상과정상의 갈등해결에 용이하다는 것이다. 그러나 이 희소성의 문제는 그 희소한 것을 강력히 소유하고자 하는 사람 또는 집단들의 소유욕이 있을 때에 한하여 통용된다. 즉 아무리 자원이 희소하더라도 그것을 소유하고자 하는 사람이 없으면 그 희소성으로 인해서 갈등이 야기되지 않는다는 것이다. 사람들은 시간적으로 희소하고 사회경제적으로 희소한 것 등에 대해서 더 강력히 소유하고자 하는 큰 욕구를 가지고 있을 때 목숨을 걸 정도로 설득을 잘 당한다는 것이다.

9) 반항심 극복 전략

반항심이란 협상과정상의 갈등관리를 위해서 자신의 행동을 통제하려는 상대방에게 반항한다는 것에 관련된 것이다. 로미오와 줄리엣 효과는 희소성과 반항심리를 잘 묘사하고 있다. 부모들의 '하지 마라'라는 반대가 연인들로 하여금 반항심리를 불러일으켜 더 깊은 사랑을 하게 만든다. 부모들의 반대가 심화되면 될수록 로미오와 줄리엣에게 희소성이 더욱 강화되고 반항심을 더욱 자극하여 더 깊은 사랑에 빠지게 만들고 결국엔 자살로 이어진다는 것이다.

부하나 시민들을 설득하는데도 마찬가지이다. 억압하면 할수록 더욱 반항하게 될 가능성은 높아진다. 부하나 시민들을 비난하거나 부정하는 말이나 행동으로 설득시키려 하면 부하나 시민들로 하여금 반항 심리를 유발시켜 설득에 실패하게 될 확률이 높다.

설득을 잘 하려면, 신뢰감과 유대감이 있으면 설득하기는 유리하다. 설득은 전혀 모르는 대상보다는 유대감이 있는 대상이 더 쉽다. 그러므로 평소 협상 상대와 신뢰를 쌓기 위한 대인관계 구축은 기본이다. 신뢰를 구축하는 방법은 상대방과 함께 정보와 목표를 공유해야 하며, 상대방을 이해시키기 전에 상대방의 목적, 이익, 주장 등을 경청하거나 질문을 통하여 내가 먼저 파악해야 한다.

활동 5 설득전략

상대방을 설득시키기 위해 활용할 수 있는 전략으로는 여러 가지가 있다. 다음에 제시된 설득전략에 대해서 간단하게 적어보고, 구체적인 예를 한 가지씩 적어보시오.

설득전략	의미	사례
See-Feel-Change 전략		
상대방 이해 전략		
호혜관계 형성 전략		
헌신과 일관성 전략		
사회적 입증 전략		
연결 전략		
권위 전략		
희소성 해결 전략		
반항심 극복 전략		

출처: 한국산업인력공단(2016). 대인관계능력 학습자용 워크북.

학습성찰

이번 주 학습한 내용 중 본인의 생활에 적용 가능한 내용과 적용계획을 작성해 보시오.

평가내용	자가진단				
	1	2	3	4	5
협상의 과정을 설명할 수 있다.					
협상전략과 설득전략을 설명할 수 있다.					

내용	내용
학습내용에 대해 새롭게 발견한 점	
학습내용에 대해 느낀 점	
학습내용 중 본인의 생활에 적용 가능한 점	
적용계획 (구체적으로 작성)	
기대효과	

CHAPTER 09

고객서비스 능력

INTERPERSONAL COMPETENCY

세부목표

직장생활에서 고객서비스에 대한 이해를 바탕으로 실제 현장에서 다양한 고객에 대처할 수 있으며, 고객만족을 이끌어낼 수 있는 능력을 기를 수 있다.

일반목표

1. 고객서비스의 의미를 설명할 수 있다.
2. 고객의 불만 표현 유형을 알고 대응방안을 마련할 수 있다.
3. 직장생활에서 불만처리 프로세스에 따라 고객의 불만을 처리할 수 있다.
4. 직장생활에서 고객만족 조사를 활용할 수 있다.

주요용어

고객, 고객서비스, 고객불만유형, 고객만족

미리보기

LGU+ '고객중심경영' 통했다 … "해지율 감소"

LG유플러스가 고객 중심 경영을 통해 해지율을 낮추는 데 성공했다. 고객에게 높은 서비스 만족도를 제공해 새로운 가치를 제공하겠다는 'Why Not' 브랜드 캠페인 전략이 적중한 것으로 풀이된다. LG유플러스는 이용자들의 만족도를 높이기 위해 6개월마다 고객의 목소리를 듣는 '일상플러스: 고객 불편 정기점검' 프로그램을 도입한 결과, 해당 프로그램 고객 해지율이 20% 이상 감소했다고 27일 밝혔다. LG유플러스 조사에 따르면, 설문에 응답한 고객의 해지율은 전체 고객 해지율에 비해 약 23% 낮았다. 정기적인 고객 관리가 해지율을 낮추는 데 일조하고 있다는 설명이다. 아울러 매월 설문조사를 진행하는 소비자는 55만 명가량이다. 서비스에 불만을 표시한 고객 중 전문 상담사의 상담 이후 이 프로그램을 추천하고 싶다고 답한 고객 비중은 60%까지 증가했다. 'Why Not?' 캠페인은 지금까지 당연하게 생각했던 것들을 "고객을 위해 이런 것이 왜 안 돼?"라며 되묻고 먼저 실행해 나가는 활동이다. 지난해 1.0 캠페인은 고객 소통과 상품 소개에 집중했다면, 올해 2.0 캠페인은 상품 · 서비스 · 마케팅 · 조직문화 등 전 분야에 적용했다. LG유플러스는 신규 가입자를 비롯해 서비스 이용 중인 고객 불만에도 선제적으로 대응하기 위해 정기적으로 서비스 불편여부를 묻고 관리하는 프로그램을 도입했다. 모바일 고객 대상 신규 가입 6 · 12 · 18개월 차 고객에게 정기적으로 설문조사 문자 · SNS 메시지를 발송한다. 설문 결과 '보통' 또는 '불만족'을 표기한 고객에게는 전문 상담사가 직접 연락해 전문 상담을 진행하는 방식이다. 문제가 있을 시에는 문제해결을 위해 사후관리(A/S) 기사 방문까지 포괄적인 서비스를 제공한다. 향후 LG유플러스는 더 많은 고객 소리를 반영, 불편을 관리하는 데 집중할 계획이다. 이를 위해 예측에 기반해 고객의 불편을 사전에 확인하는 시스템 고도화 및 도입 확대 등도 검토 중이다.

앞서, 지난 2월에는 LG유플러스가 보유한 고객경험 관련 빅데이터를 기반으로 고객 불만 및 잠재적 불만을 예측하는 솔루션 '고객케어플러스'를 고객센터 상담 업무에 적용했다. 그 결과, 지난해 서비스 불만이 전년 대비 50% 이상 감소하는 성과를 거두는 등 고객경험 혁신에 앞장서고 있다.

LG유플러스 관계자는 "고객 경험 혁신을 위해 먼저 묻고 케어하는 활동이 효과를 보고 있다"며 "궁극적으로는 불만이 생기지 않도록 사전에 불친절, 요금상이 등이 발생하지 않도록 하는 잠재 불만 케어 활동으로 강화해 나갈 예정이다"라고 전했다.

출처: 파이낸셜뉴스, 이준혁 기자(2022.04.27).

01 고객서비스의 개념 및 중요성

어떤 산업이든 초기 단계에는 상품의 숫자가 부족하고 수요가 많기 때문에 공급자가 시장을 주도하지만 시간이 지난 상품보급률이 어느 정도 수준에 이르거나 경쟁 업체가 나타나면 중복구매나 상품의 차별화에 의한 구매 외에는 새로운 수요가 줄어드는 단계가 온다. 이 단계에서는 시장이 커지지 않고 같은 크기에 머물러 있거나 때로는 줄어드는 양상을 보이는데 이런 형태의 시장을 성숙시장이라고 한다. 성숙시장은 시장의 주도권이 판매자에게서 수요자인 고객의 손으로 넘어가 버리므로 고객이 원하는 서비스를 제공하고 고정고객 확보를 통한 생존전략을 구사하지 않으면 살아남기 어렵게 된. 이 같은 원리는 제조업에만 국한되지 않고 병원과 같은 서비스산업에도 그대로 적용된다. 따라서 병원도 이제는 고객이 선택해주지 않으면 생존할 수 없는 환경이 됐다.

무조건 친절이나 베푸는 것이 고객서비스는 아니다. 그것은 서비스의 한 방법일 뿐이다. 고객과의 신뢰를 구축하여 고객을 유지하고 매출액을 향상시킬 수 있는 기본 원칙이 있어야 한다. 그렇다면 고객서비스란 무엇인가?

고객서비스에서 직원의 고객에 대한 태도는 매우 중요한 부분을 차지하고 있다. 대부분의 고객들은 회사의 품질에 대한 만족감과 동시에 직원의 친절함 및 인상 등 태도에 대한 평가를 많이 한다. 그리고 이것은 그 회사의 고객서비스에 대한 평가에 많은 비중을 차지하고 있다.

사례 1 고객이 수행하기를 원하는 궁극적 목적이 무엇인지 파악하라

지금은 고인이 된 하버드 비즈니스 스쿨의 클레이든 크리스텐슨 교수는 밀크셰이크 딜레마에 대한 이론을 펼쳐 고객 니즈에 대한 통찰을 공유한 바 있다.

크리스텐슨 교수는 밀크셰이크라는 동일한 제품에 대해서도 고객들은 동일한 목적을 갖고 이를 구매하는 게 아니라고 갈파했다. 즉 각 고객마다 밀크셰이크를 통해 수행하고자 하는 것, 혹은 궁극적으로 얻고자 하는 것이 다를 수 있기 때문이다. 오전 9시대에 밀크셰이크를 사던 이들은 출근길에 도넛이나 바나나 등을 먹기보다는 밀크셰이크가 편리하고 어중간한 허기도 채워주고 입을 심심하지 않게 해주는 등의 니즈를 충족하기 위해 소비되었던 반면 오후에는 아이들이 다른 활동과 밀크셰이크를 즐기기 위한 것 중 선택하는 소비인 것이었다. 소비자들은 제품이나 서비스를 구매하는 것은 그 제품 혹은 서비스 구매 자체가 목적이 아니라 이를 통해 충족시키고자 하는 니즈가 별도로 있다는 것을 기업들은 반드시 기억해야 한다는 것이다.

이에 대해 하버드 비즈니스 스쿨의 저명한 마케팅 교수 '테오도르 레빗(Theodore Levitt)'은 다음과 같은 유명한 말을 한 바 있다. "사람들은 드릴을 사고 싶어 하는 것이 아니라 그 드릴을 구매하여 구멍을 뚫고 싶은 것뿐이다." 고객들이 기업의 제품이든 서비스든 이를 통해 얻고자 하는 것이 무엇인지 충족시키고 싶어 하는 니즈가 무엇인지에 대한 해결책을 정확히 읽어내고 이에 맞춰 제품이나 서비스를 제공할 수 있다면 그 기업은 성공할 수 있다.

베스트셀러 작가이자 스트래티진(Strategyn)의 대표이기도 한 '안토니 울윅(Anthony Ulwick)'은 이러한 '할 일 이론'의 창시자 중 한 명으로서 마케팅 구루 필립 코틀러 역시 안토니를 크게 찬사한 바 있었다. 안토니와는 직접 화상 인터뷰를 통해 고객의 니즈 파악과 해결책의 중요성에 대해 더욱 심도 있게 알 수 있었다. 안토니는 기업들의 가장 큰 실수는 고객의 목소리를 듣고 이를 충족시키기만 하면 고객 만족으로 이어질 것으로 착각한다는 점에 있다고 말한다. 사실 고객들의 불만을 듣고 경청하고 파악하는 것은 매우 중요하며 그들의 니즈가 무엇인지 알고자 노력하는 것은 매우 중요한 프로세스 중 하나이기는 하지만 고객들의 문제점이나 니즈에 대한 해결책을 고객들이 제시할 것으로 과도하게 믿어서는 안 된다고 강조한다.

어떤 고객들은 "이런저런 기능이 있다면 참 좋겠어요"라고 얘기하는데 사실 그런 기능들은 이미 타사 제품이나 경쟁사가 갖추고 있는 경우도 많고 단순한 희망사항을 말한 것뿐인데 이를 두고 해결책으로 착각하여 곧바로 반영해서는 곤란하다는 것이다. 고객이 뭘 아느냐는 의미가 아니라 고객의 니즈가 문제점, 불만은 혁신의 도화선이 될 수 있지만 그 해결책에 대해서는 전문가가 아닐 수도 있기 때문에 기업들은 제대로 된 해결책을 제시할 수 있는 제품이나 서비스를 연구할 필요가 있다는 것이다.

고객들이 원하는 것이 무엇인지 그리고 불만이 무엇인지 잘 들어본 후 이에 대한 해결책을 고민할 때 고객들이 수행하고자 하는 것이 무엇인지를 잘 파악하고 이에 대한 해결책을 기업이 제품이나 서비스에 반영시킬 수 있어야 그것이 고객만족으로 이어지고 기업의 성공으로 이어질 수 있다는 것이다. 고객들이 말하는 걸 다 곧이곧대로 들어주려고만 하는 게 절대 왕도가 아님을 기억해야 한다는 것이다.

IBM에서 일한 적 있는 안토니는 IBM의 피씨주니어를 예로 들었다. 당시 고객들의 니즈를 파악하고 그들이 원하는 바를 최대한 듣고 제품을 만들었지만 사실 완전한 실패작이었다는 것이었다. 실패란 것이 단 한 가지 요인에서만 기인하는 것이 아니기 때문에 단순화해서는 안 되겠지만 고객들이 이 제품을 통해 수행하고자 하는 것이 무엇인지 혹시 이를 이미 더 잘 충족시켜주고 있는 제품들이 이미 있는 것은 아닌지 등 제대로 파악이 안 된 상태에서 자본이 많은 대기업도 실패할 수 있음을 잘 보여주는 사례라고 말했다.

'할 일 이론'은 사실 간단하게 들리지만 기업들이 고객의 니즈를 제대로 파악 못 하고 실패하는 이유는 제품이나 서비스는 도구이며 이를 통해 궁극적으로 얻고자 하는 결과에 대해 쉽게 망각하고 제품 자체 혹은 서비스 자체를 위한 방향으로 잘못 가기 때문이라는 것이다. 간단한 제품이라도 고객들이 당사 제품을 참 좋아해 주고 고객 충성도가 높다고 단순하게 생각할 것이 아니라 그들이 그 제품을 통해 얻고자 하는 것이 무엇인지 그리고 경쟁사가 이 결과물을 더 잘 가져온다면 경쟁에서 언제든 질 수 있다는 점이 중요하다고 안토니는 강조했다.

활동 1 고객서비스

❖ 고객서비스가 무엇인지 각자의 생각을 적어보도록 하자.

❖ 고객에게 보이는 나의 모습을 생각하여 적어보자.

좋은점	개선점

출처: 한국산업인력공단(2016). 대인관계능력 학습자용 워크북.

오늘날 많은 기업들이 고객서비스를 주요 경쟁우위 수단으로 간주하고 '고객만족헌장'이나 '고객서비스헌장'을 제정, 그 실천을 위해 노력하고 있다.

여기서 고객서비스란 다양한 고객의 요구를 파악하고, 대응법을 마련하여 고객에게 양질의 서비스를 제공하는 것을 말한다.

「세계적인 기업이 되기 위해서는 고객서비스가 탁월해야 한다」는 말이 소비재뿐 아니라 품질력이 최우선시되는 반도체 부문에서도 중요시되고 있어, 이제 '고객서비스가 호텔이나 백화점에서만 하는 활동'이 아님을 실감할 수 있다. 이는 대부분의 경영자들이 현대사회에서 고객서비스에 문제가 있을 시에는 그들의 가장 중요한 자산인 고객이 자사를 떠나버린다는 사실을 잘 알고 있기 때문이다. 그리고 'amazon.com'을 최고의 인터넷 e-커머스 기업으로 이끈 제프 베이조스 회장은 '고객의 경험'을 중시하는 것이 성공의 비결이라고 말한 바 있다. 이처럼 적당히 서비스를 제공하는 것만으로는 고객을 다소 만족시킬 수는 있어도 그를 자사의 열렬한 전도자로는 만들 수 없다는 것이 오늘날의 실정이라 하겠다.

고객서비스를 제공하는 목적은 조달, 생산, 판매, 혹은 고객지원 등의 기업활동 중 어디에 중점을 두느냐에 따라 다르다. 여기서 고객중심 기업의 일반적 특성을 알아보면 다음과 같다(한국산업인력공단, 2016).

- 내부고객과 외부고객 모두를 중요시한다.
- 고객만족에 중점을 둔다.
- 고객이 정보, 제품, 서비스 등에 쉽게 접근할 수 있도록 한다.
- 보다 나은 서비스를 제공할 수 있도록 하는 기업정책을 수립한다.
- 기업의 전반적 관리시스템이 고객서비스 업무를 지원한다.
- 기업이 실행한 서비스에 대해 계속적인 재평가를 실시함으로써 고객에게 양질의 서비스를 제공하도록 서비스 자체를 끊임없이 변화시키고 업그레이드한다.

고객서비스를 통해서 기업의 성장을 이루는 과정은 우선 고품위의 고객서비스를 제공하여 고객은 감동을 받고, 이로 인해 회사에 대한 충성도, 즉 애착이 생기게 된다. 이로 인해 기업에 대한 선호도가 고객들 사이에 높아져 성장과 이익을 달성할 수 있는 것이다.

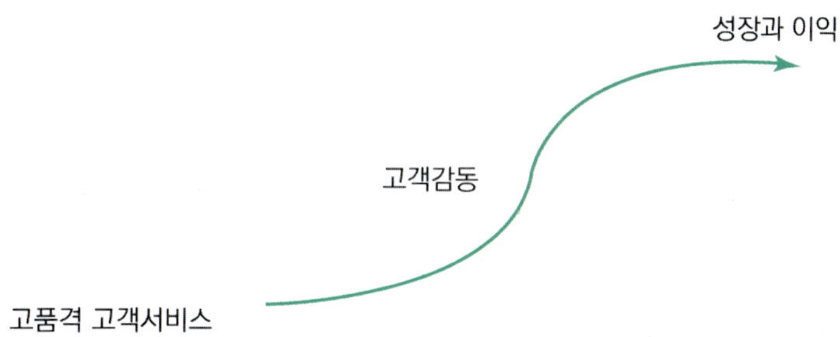

┃그림 9-1┃ 고객서비스

02 고객의 불만 유형 및 대응방안

INTERPERSONAL COMPETENCY

고객을 다루기 위해서는 고객의 유형을 알아야 한다. 회사의 제품이나 서비스에 만족하는 고객이 있는가 하면, 만족하지 못하는 고객이 있다. 고객서비스 능력을 향상시키기 위해서는 불만족한 고객을 다룰 줄 아는 것이 매우 중요하다.

불만족한 고객은 불만을 표현하는 방식이 매우 다양하다.

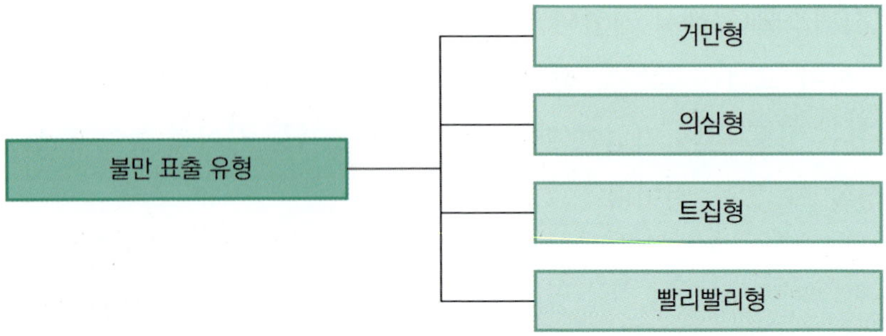

출처: 한국산업인력공단(2016).

거만형은 자신의 과시욕을 드러내고 싶어 하는 사람으로, 보통 제품을 폄하하는 사람들이 많이 있다. 의심형은 직원의 설명이나 제품의 품질에 대해 의심을 많이 하는 사람이고, 트집형은 사소한 것으로 트집을 잡는 까다로운 고객을 말한다. 빨리빨리 형은 성격이 급하고, 확신 있는 말이 아니면 잘 믿지 않는 고객을 말한다.

이런 고객들을 상대하는 데 있어 주의해야 할 사항을 요약하면 다음과 같다.

1) 거만형

- 정중하게 대하는 것이 좋다.
- 자신의 과시욕이 채워지도록 뽐내든 말든 내버려 두는 것이다.
- 의외로 단순한 면이 있으므로 일단 그의 호감을 얻게 되면 여러 면으로 득이 될 경우가 많다.

2) 의심형

- 분명한 증거나 근거를 제시하여 스스로 확신을 갖도록 유도한다.
- 때로는 책임자로 하여금 응대하는 것도 좋다.

3) 트집형

- 이야기를 경청하고, 맞장구치고, 추켜세우고, 설득해 가는 방법이 효과적이다.
- 예: '손님의 말씀이 맞습니다. 역시 손님께서 정확하십니다.' 하고 고객의 지적이 옳음을 표시한 후 '저도 그렇게 생각하고 있습니다만…' 하고 설득한다.
- 잠자코 고객의 의견을 경청하고 사과를 하는 응대가 바람직하다.

4) 빨리빨리 형

- "글쎄요?", "아마…", "저…" 하는 식으로 애매한 화법을 사용하면 고객은 신경이 더욱 날카롭게 곤두서게 된다.
- 만사를 시원스럽게 처리하는 모습을 보이면 응대하기 쉽다.

고객의 불평은 서비스를 개선하기 위해 매우 중요한 정보가 된다. 불평에 대한 잘못된 인식을 하지 않고, 좋은 방안으로 활용하기 위해 꼭 알아야 할 사항을 정리하면 다음과 같다.

- 불만족한 고객 대부분은 불평하지 않는다. 불평하는 고객은 사업자를 도와주려는 생각에서 불평을 하는 경우가 많다. 따라서 고객의 불평을 감사하게 생각해야 한다.
- 고객의 불평은 종종 거친 말로 표현된다. 그러나 그것은 꼭 불만의 내용이 공격적이기 때문에 그런 것은 아니다.
- 대부분의 불평고객은 단지 기업이 자신의 불평을 경청하고, 잘못된 내용을 설명하고 제대로 고치겠다고 약속하면서 사과하기를 원한다.
- 미리 들을 준비를 하고 침착하게 긍정적으로 고객을 대하며, 대부분의 불평은 빠르게 큰 고통 없이 해결된다.

사례 1 고객불만 유형

<사례 1>

더운 여름날 한 고객이 에어컨을 구입하려고 가전제품 매장을 찾았다. 하지만 그 매장을 찾은 고객이 많아서 상담이 조금 지체되자 자신에게 상담을 빨리해주지 않는다고 거칠게 불만을 터뜨렸다.

<사례 2>

레스토랑을 찾은 한 손님이 레스토랑의 서비스가 마음에 들지 않는다고 불만을 토로했다. 매니저가 다가가 시정해 주었지만, 그 손님은 이것저것 또 트집을 잡으면서 계속 불평을 하고 있다.

<사례 3>

백화점 의류매장에 한 손님이 옷을 사기 위해 들렀다. 그는 매장에 진열된 옷들이 너무 싸구려 같다고 불평하면서 고급스러운 옷을 보여 달라고 하였다.

<사례 4>

한 학생이 노트북을 사기 위해 전자매장을 찾았다. 이 학생에게 상담원이 친절하게 설명을 해주었지만, 이 학생은 그의 말을 믿지 않고 계속 의심을 품었다.

❖ 여러분들은 어떻게 대응할 것입니까?

출처: 한국산업인력공단(2016). 대인관계능력 학습자용 워크북.

활동 2

고객의 불만을 다루는 것은 고객서비스 차원에서 피할 수 없는 일이다. 하지만 고객은 자신이 느끼는 불만을 표현하는 방식이 매우 다양하다. 그 유형을 나누어보면, 거만형, 의심형, 트집형, 빨리빨리형으로 나누어 볼 수 있다.

❖ 위의 사례에 해당하는 사람이 어떤 유형에 해당하는지 연결하시오.

〈사례 1〉 ●	●	거만형
〈사례 2〉 ●	●	의심형
〈사례 3〉 ●	●	트집형
〈사례 4〉 ●	●	빨리빨리형

❖ 각 유형의 고객을 어떻게 다루어야 할지 자신의 생각을 기술해주세요.

1. 거만형:

2. 의심형:

3. 트집형:

4. 빨리빨리형:

출처: 한국산업인력공단(2016). 대인관계능력 학습자용 워크북.

03 고객의 불만 처리 프로세스

불만고객이란 자신에게 서비스 제공자(기업)를 상대로 불만을 표현하고 해결을 요구하는 고객을 말한다. 고객 불만은 서비스 제공자의 불친절한 태도, 고객에 대한 무관심, 고객의 요구 외면 또는 무시, 건방 떨기, 무표정과 기계적 서비스, 규정 핑계, 고객 뺑뺑이 돌리기 등 여러 가지 원인에 의해 발생한다.

많은 서비스 제공자들은 고객의 불만에 대해서 다른 사람들은 아무 소리 안 하는데 왜 이 고객만 유별나게 구느냐고 성가시게 여기는 경향이 있다. 그러나 이렇게 유별난 고객이야말로 기업에게 소중한 고객이며, 기업이 안고 있는 문제를 해결해주는 스승이 된다. 왜냐하면, 불만을 밖으로 표출하는 고객은 100명 중에서 4명밖에 되지 않고, 나머지 불만을 품은 96명은 소리 없이 떠나가는 고객이 되기 때문이다. 그리고 불만고객은 자신이 겪은 불만사항에 대하여 8~10명의 다른 사람들에게 전파하며, 불만족 고객의 80%가 거래를 중단한다고 한다. 반면에 불만이 있어도 그것이 만족스럽게 해결되면 54~70%가 다시 거래를 하며, 불만이 신속하게 해결되기만 하면 반복구매율이 95%까지 증가하고 이들은 단골고객이 되기도 한다.

서비스 분야에서 오랜 경력을 가지고 베테랑이라고 자처하는 사람들도 까다로운 고객이나 화가 난 고객을 응대할 경우에는 어려움을 호소하고 한다. 그러나 이런 특별한 상황은 우리에게 오히려 차별화되고 특별한 서비스를 제공하는 성공 기회가 될 수도 있다. 그러므로 평소 고객의 불만을 다루는 프로세스를 몸에 체득하고 있으면 이를 쉽게 해결할 수 있을 것이다.

고객 불만 처리 프로세스는 8단계로 나누어질 수 있는데, 이는 아래의 그림과 같다.

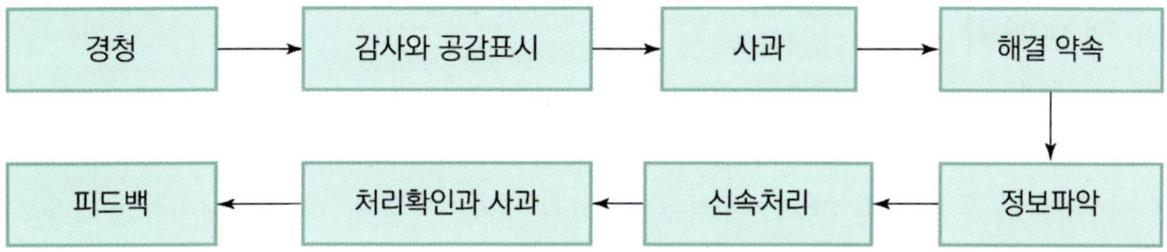

출처: 한국산업인력공단(2016). 대인관계능력 학습자용 워크북.

그림 9-2 고객 불만 처리 프로세스 8단계

각 단계에 대한 자세한 설명은 다음과 같다.

1) 경청

- 고객의 항의에 경청하고 끝까지 듣는다.
- 선입관을 버리고 문제를 파악한다.

2) 감사와 공감표시

- 일부러 시간을 내서 해결의 기회를 준 것에 감사를 표시한다.
- 고객의 항의에 공감을 표시한다.

3) 사과

고객의 이야기를 듣고 문제점에 대한 인정과 잘못된 부분에 대해 사과한다.

4) 해결약속

고객이 불만을 느낀 상황에 대해 관심과 공감을 보이며, 문제의 빠른 해결을 약속한다.

5) 정보파악

- 문제해결을 위해 꼭 필요한 질문만 하여 정보를 얻는다.
- 최선의 해결방법을 찾기 어려우면 고객에게 어떻게 해주면 만족스러운지를 묻는다.

6) 신속처리

잘못된 부분을 신속하게 시정한다.

7) 처리확인과 사과

불만처리 후 고객에게 처리 결과에 만족하는지를 물어본다.

8) 피드백

고객 불만 사례를 회사 및 전 직원에게 알려 다시는 동일한 문제가 발생하지 않도록 한다.

활동 3 영화 속의 고객만족

유튜브 영상 '영화 속의 고객만족 4분 43초[1]'를 통하여 고객 응대 시 고객을 대응하는 관점과 프로세스에서의 논의 점을 기술하고 해결방안을 제시하시오.

사례 4 고객 불만 처리 프로세스

민수는 건강검진을 위해 병원을 찾았다. 건강검진을 순서를 알고 싶어 안내센터에 있는 간호사에게 물었다. 간호사는 순서를 설명해주면서 자기 일만 하고 있었다. 민수는 불쾌했지만 바빠서 그러나보다 생각하고 간호사가 설명해주는 데로 건강검진을 받고 있었다. 그러나 자신의 검진 순서가 되었는데 자꾸 부르지 않아 답답한 마음에 간호사에게 '저는 언제 하나요?' 하고 물었더니 '기다리세요, 순서가 되면 부르겠죠.'라는 말만 반복하였다.

민수는 답답하지만 기다렸다. 한 시간을 기다리고 더 이상 안 되겠다는 생각에 다른 간호사에게 물어보니 민수가 누락이 되어 있었다는 것이다. 화가 난 민수는 고객센터에 불만을 토론하였다.

---

1) https://www.youtube.com/watch?v=BSJCgT_ipsw
영상 제목: 영화 속의 고객만족 4분 43초(영화 '폴링 다운' 중에서)

활동 4 〈사례 4〉를 읽고, 여러분이 해당 고객서비스 담당자라면 어떻게 응대할지 그 과정을 작성해 보시오.

1단계	사과	
2단계	경청	
3단계	원인파악	
4단계	대책 강구	
5단계	방법 제시	
6단계	실행	
7단계	감사 마무리	

04 고객만족 조사 및 처리 방법

대부분의 고객만족 조사는 고객의 요구를 파악하고 이를 비즈니스 프로세스에 입안하려는 의도가 보이지 않는 구성을 하거나 자사의 가시적인 성과만을 보여주려는 의도가 보인다. 사전에 고객의 요구도 파악하지 않고, 고객에 대한 지식이 전혀 없는 사람이 고객 조사 설문을 작성했을 때의 결과는 전혀 엉뚱한 결과가 될 것이다. 그야말로 형식적인 조사에 그치는 경우가 많다.

고객만족 조사의 목적은 고객의 주요 요구를 파악하여 가장 중요한 고객요구를 도출하고, 자사가 가지고 있는 자원을 토대로 경영 프로세스의 개선에 활용함으로써 경쟁력을 증대시키는 것이라고 할 수 있다. 결국 기업은 수익이 증대되고 품질향상으로 인한 유형 및 무형의 가치를 창출하게 된다.

고객만족을 측정하는 데 있어서 많은 사람들이 오류를 범할 수 있는데 그 유형을 정리하면 다음과 같다.

1. 고객이 원하는 것을 알고 있다고 생각함
2. 적절한 측정 프로세스 없이 조사를 시작함
3. 비전문가로부터 도움을 얻음
4. 포괄적인 가치만을 질문함
5. 중요도 척도를 오용함
6. 모든 고객들이 동일한 수준의 서비스를 원하고 필요하다고 가정함

고객만족 조사를 적절히 수행하기 위해서는 적절한 조사계획이 수립되어야 한다. 고객만족 조사계획에서 수행되어야 할 것은 조사 분야 및 대상 결정, 조사목적 설정, 조사방법 및 횟수, 조사결과 활용 계획으로 나눌 수 있다.

1) 조사 분야 및 대상 설정

시장이 다양화되고, 제품 및 서비스가 점점 복잡해지면서 조사 분야와 대상을 확실히 설정하는 것이 필요하다. 그렇지 않으면 정확히 측정하고자 하는 것에 대한 고객만족을 조사할 수 없게 될 것이다.

기업의 어떤 제품에 대한 고객만족인지, 아니면 서비스에 대한 고객들의 만족도를 조사할 것인지를 분명히 선정해야 한다.

2) 조사목적 설정

고객만족 조사의 목적은 크게 네 가지로 나눌 수 있다.

(1) 전체적 경향의 파악

- 고객만족도 수준은 어떠한 상황에 있는지, 어떻게 변화하고 있는지, 어떠한 요인에 의해 결정되는지, 고객의 심리는 어떻게 되어 있는지 등 전체적인 관점에서 조사한다.
- 객관성, 공평성, 과학적 합리성이 요구되는 조사가 실시되어야 한다.

(2) 고객에 대한 개별대응 및 고객과의 관계유지 파악

- 개별고객의 불만해소, 니즈 파악, 이후의 비즈니스 관련 정보입수 등이 중요하다.
- 조사대상의 선택은 무작위이어서는 안 된다. 중요한 고객을 우선해야 한다.

(3) 평가목적

- 포괄적인 질문, 상세한 질문은 불필요하다.
- 평균치 계산으로 많은 목적이 달성된다.

(4) 개선 목적

- 고객심리 및 평가의 결정요인 해명 등이 분석의 대상이다.
- 가능한 한 고객의 감정에 따른 질문 작성이 요구, 비교적 상세한 질문 및 자유회답이 바람직하다.

3) 조사방법 및 횟수

(1) 조사방법

고객만족 조사에 사용되는 방법으로는 설문조사, 심층면접법이 있다.

① 설문조사

- 고객만족을 측정할 수 있는 문항으로 구성된 설문지를 통하여 응답자들의 인식을 조사하는 방법이다.
- 비교적 빠른 시간 내에 조사를 실시할 수 있다.
- 조사결과를 통계적으로 처리할 수 있다.
- 응답자들이 쉽게 알아들을 수 있는 말로 질문을 구성해야 한다.

② 심층면접법

- 조사자와 응답자 간의 일대일 대면접촉에 의해 응답자의 잠재된 동기, 신념, 태도 등을 발견하는 데 사용한다.
- 30분에서 1시간 정도의 비교적 긴 시간이 소요된다.
- 다른 방법을 통해 포착할 수 없는 심층적인 정보를 경험적으로 얻을 수 있다.
- 독특한 정보를 얻을 수 있다.
- 인터뷰 결과를 사실과 다르게 해석할 수 있다.

(2) 조사횟수

보통 1회 조사로 고객만족 조사를 하는 경우가 많이 있지만, 1회 조사는 실패하기 쉽다. 조사방법이나 질문내용이 부적절하기도 하고, 정확한 조사결과를 얻기 어렵기 때문이다. 그래서 보통 연속조사를 하는 것을 권장한다. 연속조사 시 주의해야 할 사항은 다음과 같다.

1. 조사방법 및 질문내용을 가능한 한 변경하지 않는 것이 필요하다. 조사에 생각하지 않은 영향이 있기 때문이다.
2. 위험을 초래하지 않는 경우라며 조금씩 변경하거나, 일시적으로 예전의 질문과 새로운 질문을 병행시키는 등의 계획을 하는 것도 좋다.

4) 조사결과 활용 계획

조사결과 활용 계획은 앞선 조사목적과 일맥상통한다. 조사결과를 평가에 반영하기 위한 것인지, 아니면 서비스나 제품을 개선하기 위한 것인지에 따라 활용계획은 달라질 것이다. 목적에 맞는 활용계획을 설정해 놓는 것이 조사의 방향에 일관성을 부여할 수 있다.

활동 5 고객만족 조사

직장에서 당신에게 우리 회사의 고객만족을 진단해보라는 임무가 부여되었을 때 어떻게 할 것인지 계획을 작성해 보시오.

1. 조사 분야 및 대상을 정의하시오.

2. 조사목적을 설정하시오.

3. 조사방법 및 횟수를 설정하시오.

4. 조사결과 활용계획을 작성하시오.

출처: 한국산업인력공단(2016). 대인관계능력 학습자용 워크북.

활동 6 내가 만든 고객 만족 조사 설문지

활동 7 자신의 대인관계능력 알아보기(사후평가)

다음은 모든 직업인에게 일반적으로 요구되는 대인관계능력 수준을 스스로 알아볼 수 있는 체크리스트이다. 본인의 평소 행동을 잘 생각해보고, 행동과 일치하는 것에 체크하시오.

문항	그렇지 않은 편이다	보통인 편이다.	그런 편이다.
1. 나는 대인관계능력의 의미와 중요성을 설명할 수 있다.	①	②	③
2. 나는 대인관계능력 향상방법을 설명할 수 있다.	①	②	③
3. 나는 팀 구성원들과 효과적으로 의사소통한다.	①	②	③
4. 나는 팀의 규칙 및 규정을 준수한다.	①	②	③
5. 나는 팀 내에서 나에게 주어진 업무를 성실하게 수행한다.	①	②	③
6. 난 팀의 목표 달성에 필요한 지원, 시간을 파악하고 있다.	①	②	③
7. 나는 조직원들을 동기화할 수 있다.	①	②	③
8. 나는 리더의 행동 특성에 맞는 행동을 한다.	①	②	③
9. 나는 조직성과를 향상시키기 위한 전략을 제시한다.	①	②	③
10. 나는 수시로 조직원에게 코칭을 활용한다.	①	②	③
11. 나는 앞장서서 바람직한 변화를 선도한다.	①	②	③
12. 나는 타인과 의견 차이가 있을 때 원인을 파악한다.	①	②	③
13. 나는 타인과 대화할 때 생각과 가치관을 배려한다.	①	②	③
14. 나는 타인과 갈등을 줄이기 위해서 노력한다.	①	②	③
15. 나는 타인과의 갈등을 조절할 수 있는 방법을 활용한다.	①	②	③
16. 나는 대화 시 쟁점 사항이 무엇인지 파악한다.	①	②	③
17. 나는 대화 시 상대방의 핵심요구사항을 파악한다.	①	②	③
18. 나는 대화 시 상대방을 설득하기 위해서 노력한다.	①	②	③
19. 나는 협상할 때 사전에 전략을 수립한다.	①	②	③
20. 나는 고객의 유형에 따라서 대응한다.	①	②	③
21. 나는 고객의 요구를 수시로 파악한다.	①	②	③
22. 나는 고객의 불만 사항을 해결하려 노력한다.	①	②	③

출처: 한국산업인력공단(2016). 대인관계능력 학습자용 워크북. p.5.

활동 8 자신의 대인관계능력 알아보기(평가방법)

체크리스트의 문항별로 자신이 체크한 결과를 아래 표를 이용하여 해당하는 개수를 적어 보시오.

문항	수준	개수	학습모듈
1~2번	그렇지 않은 편이다.	(　　)개	대인관계능력
	보통인 편이다.	(　　)개	
	그런 편이다.	(　　)개	
3~6번	그렇지 않은 편이다.	(　　)개	팀워크능력
	보통인 편이다.	(　　)개	
	그런 편이다.	(　　)개	
7~11번	그렇지 않은 편이다.	(　　)개	리더십능력
	보통인 편이다.	(　　)개	
	그런 편이다.	(　　)개	
12~15번	그렇지 않은 편이다.	(　　)개	갈등관리능력
	보통인 편이다.	(　　)개	
	그런 편이다.	(　　)개	
16~19번	그렇지 않은 편이다.	(　　)개	협상능력
	보통인 편이다.	(　　)개	
	그런 편이다.	(　　)개	
20~22번	그렇지 않은 편이다.	(　　)개	고객서비스능력
	보통인 편이다.	(　　)개	
	그런 편이다.	(　　)개	

출처: 한국산업인력공단(2016). 대인관계능력 학습자용 워크북. p.6.

대 인 관 계 능 력

INTERPERSONAL COMPETENCY

REFERENCE 참고문헌

권기제(2011). 소셜 네트워크 시대의 동기부여론에 따른 디자인 인지와 소비자 반응의 상관관계 연구. 영남대학교 박사학위 논문.

권성민 외(2017). 효율적인 대인관계능력. 수양재.

권예솜, 홍상욱(2019). 직장 초년생이 인식한 대인관계능력, 자기효능감 및 직장생활만족도의 구조적 관계분석. 학습자중심교과교육연구, 19(14), 845-869.

김경섭(역)(2005). 성공하는 사람들의 7가지 습관. 김영사.

김성희(2017). 인간관계와 의사소통. 경기: 공동체, 39-47.

김유경, 이여봉, 최새은, 김가희, 임성은(2015). 가족형태 다변화에 따른 부양체계 변화 전망과 공사 간 부양 분담방안. 한국보건사회연구.

김은영 외(2016). 인성과 리더십. 경기: 양성원.

김은영(2015). 인간관계의 이해와 적응. 서울: 동문사.

김이영 외(2016). 인간이해를 위한 심리학. 양성원.

김정기(2004). 협상의 법칙. 청년정신.

김종운(2017). 인간관계 심리학. 경기: 양성원.

김종진, 송미진(2014). 한국 사회 감정노동 실태와 개선방향 연구. 경제사회발전노사정위원회 연구보고서.

김진모, 정철영, 나승일(2002). 재직근로자 대상 직업기초능력 신장 프로그램 개발. 우송정보대학.

김찬중 · 채주석(2021). 중소 · 중견 기업의 핵심인재관리와 조직성과 간의 영향관계: 최고경영자 전략적 리더십의 조절효과. 기업경영리뷰, 12(1), 121-142.

네이버 블로그, 강유(http://blog.naver.com/flight_sun7/222638143627).

로버트 치알디니 저, 이현우 역(2005). 설득의 심리학. 21세기북스.

류재복(2002). 동기부여의 구성요인에 관한 연구. 중앙대학교 산업경영대학원 석사학위논문.

머니투데이, 김자아 기자(2020.12.3.).
(https://news.mt.co.kr/mtview.php?no=2020120306342335841)

박재원 외(역)(2010). 변혁적 리더를 위한 리더십 코칭. 김앤김북스.
박정환(역)(2009). 리더십의 정석. 이파로스.
변상우(2016). 글로벌 시대의 리더가 갖추어야 할 역량. 청람.
송가미, 박회현(2016). 직장인의 성인애착과 대인관계능력의 관계에서 대인존재감의 매개효과. 인간발달연구, 23(3), 113-131.
안진환(역)(2003). 팀워크북. 제우스.
오구라 히로시 저, 김경원 옮김(2015). 회사에서 읽는 아들러 심리학. 북뱅.
오용진(역)(1999). 리더십-매니지먼트 시리즈 3. (주)러닝솔루션.
원창희(2012). 갈등관리의 이해. 한국문화사.
윤정헌(2001). 호텔기업 종업원의 팀웍이 조직몰입에 미치는 영향에 관한 연구. 산업경제연구, 14(4), 239-255.
이경우, 김경희(2007). 커뮤니케이션과 대인관계. 역락.
이규형(2018). OUTSIGHT조직경영연구소 HR매거진 (https://www.saramin.co.kr/zf_user/hr-magazine/view?category=&subject_type=&hr_idx=61)
이상영(2013). 한국사회의 갈등 및 병리 현상의 원인. 한국보건사회연구.
이상욱, 장윤현, 이성호, 류한호(역)(1997). 팀워크만들기와 성과 향상. 21세기북스.
이성태(2006). 인간관계론. 경기: 양서원.
이영희 외(2010). 자기주도형 인성과 경력개발. 백석문화대학교.
이영희 외(2017). NCS 대인관계능력. 양성원.
이영희(2010). 최신 서비스마케팅. 두남.
이용태(2010). 인성교육, 성적보다 먼저다. 에디터.
이은숙(2014). 인간관계와 의사소통(세계 속의 효과적인). 경기: 양성원.
이은찬(2002). 리더십 깨우기. 도어출판.
이재희 외(2016). 대인관계능력. 양성원.
이태연 외(2006). 생활 속의 정신건강. 서울: 신정.
이태연 외(2006). 인간관계의 이해. 서울: 집문당.
이홍재(역)(1999). 협상기술. 청림출판.
임붕영(2002). 고객을 행복하게 하는 서비스 바이러스. 무한.
임태조(역)(2005). 팀장 리더십. 위즈덤하우스.
임희선(역)(2004). 한계를 뛰어넘는 비즈니스 협상. 혜문서관.
장동운(2009). 갈등관리와 협상기술. 무역경영사.

장성화(2009). 쉽게 풀어쓴 인간관계론. 서울: 동문사.
조경덕, 장성화(2015). 대인관계와 커뮤니케이션. 서울: 동문사.
조은경(역)(2007). 팀워크를 위한 10가지 성공전략. 가람문학사.
주삼환, 천세영, 김택균 외(2015). 교육행정 및 교육경영(5판). 학지사.
지선미(2015). 동기부여론에 따른 욕구단계이론과 브랜드 체험마케팅의 상관관계 연구-나이키 체험마케팅 사례를 중심으로-. 홍익대학교 디자인콘텐츠 대학원 석사학위 논문.
채천석(역)(2003). 팀워크를 혁신하는 17가지 불변의 법칙. 청우.
천대윤(2005). 갈등관리와 협상전략론. 선학사.
최염순(역)(2011). 리더십 마스터하기. 씨앗을 뿌리는 사람.
한국산업인력공단(2016). 직업기초능력 대인관계능력 학습자용 워크북. 국가직무능력표준 홈페이지
한국산업인력공단. NCS 대인관계능력 학습모듈.
한인영, 이용하(역)(2005). 갈등해결의 기법. 시그마프레스.
현대경제연구원(2000). 리더십-HBR 페이퍼백 시리즈 3. 21세기북스.
홍석우(역)(2004). 최상의 팀 만들기. 한울 아카데미.
황순희(2020). 팀워크 관련 연구 동향 분석 : 국내 연구를 중심으로. 한국교양교육학회.
YTN, 신지원 기자(2023.07.18.). 최저임금 오늘 막판 협상... 내년 시급 1만 원 넘을까?

Carnevale, S. L., Huston, A. C., Watkins, B. A., & Wright, J. C(1982). The relation between selective attention to television forms and children's comprehension of content. *Child Development, 53*, 601-610.
Hatcher, L., & Ross, T. L.(1991). From individual incentives to an organization wide gain sharing plan: Effects on teamwork and product quality. *Journal of Organizational Behavior*, *12*(3), 169-183.
Homans, G. C. (1958). Social behavior as exchange. *American Journal of Sociology, 63*, 597-606.
Leggat, S. G.(2007). Effective healthcare teams require effective team members: defining teamwork competencies. *BMC health services research*, *7*(1), 17.
LG산전(2005). 문제해결스킬과정. LG산전 연수교재.

대 인 관 계 능 력

INTERPERSONAL COMPETENCY

AUTHOR 저자소개

김 희 동

고려대학교 교육학 박사(성인계속교육 및 HRD전공)

현) 군산간호대학교 교수
한국노년교육학회 이사, 한국수산해양교육학회 이사

전) 숭의여자대학교 비서행정과 교수
대림대학교 국제사무행정과 겸임교수
아모레퍼시픽 인사부장
동부하이텍 인사과장

중앙공무원 및 지방공무원 대상 역량교육 및 평가 practitioner and Assesor, 의사소통, 커뮤니케이션 및 대인관계 기업 출강 다수

이 성 희

원광대학교 교육학 박사

현) 원광대학교 교육혁신과 연구교수
한국교육컨설턴트협의회 연구원
한국수산해양교육학회 이사

전) 군산간호대학교 초빙교수

소방공무원 심신 안전 전문 상담, 타 대학 의사소통, 대인관계, 커뮤니케이션, 진로 관련 다수의 프로그램 출강

대인관계능력

초판 1쇄 발행 / 2022년 8월 17일
초판 4쇄 발행 / 2025년 3월 2일

공저자 / 김희동 · 이성희
발행인 / 이 중 수
발행처 / **동 문 사**

서울특별시 서대문구 홍제원 1길 12
(홍제동 137-8)
Tel: 02)736-3718(대), 736-3710, 3720
Fax: 02)736-3719
등록번호: 1974.04.27. 제9-17호
가격: 20,000원

ISBN: 979-11-6328-449-9(93370)
E-mail: dong736@naver.com
www.dongmunsa.com